华为核心竞争力系列 →

任正非谈

华为创新管理

拥抱颠覆，咖啡杯里飞出黑天鹅

周锡冰◎编著

海天出版社（中国·深圳）

图书在版编目（CIP）数据

任正非谈华为创新管理：拥抱颠覆，咖啡杯里飞出
黑天鹅 / 周锡冰编著. — 深圳：海天出版社，2018.5
（华为核心竞争力系列）
ISBN 978-7-5507-2164-7

Ⅰ．①任… Ⅱ．①周… Ⅲ．①通信－邮电企业－企业
管理－研究－深圳 Ⅳ．①F632.765.3

中国版本图书馆CIP数据核字(2017)第255803号

任正非谈华为创新管理：拥抱颠覆，咖啡杯里飞出黑天鹅
REN ZHENGFEI TAN HUAWEI CHUANGXIN GUANLI：YONGBAO DIANFU，KAFEIBEI LI FEICHU HEITIAN'E

出 品 人　聂雄前
责任编辑　许全军　王雪婷
责任校对　方　琅
责任技编　梁立新
装帧设计　知行格致

出版发行　海天出版社
地　　址　深圳市彩田南路海天综合大厦（518033）
网　　址　www.htph.com.cn
订购电话　0755-83460397（批发）　83460239（邮购）
设计制作　深圳市知行格致文化传播有限公司　Tel：0755-83464427
印　　刷　深圳市希望印务有限公司
开　　本　787mm×1092mm　1/16
印　　张　15.25
字　　数　188千
版　　次　2018年5月第1版
印　　次　2018年5月第1次
印　　数　1—4000册
定　　价　48.00元

目 录 CONTENTS

第 **1** 章

创新是华为发展的
不竭动力

CHAPTER 1

　　从科技的角度来看，未来二三十年人类社会将演变成一个智能社会，其深度和广度我们还想象不到。越是前途不确定，越需要创造，这也给千百万家企业公司提供了千载难逢的机会，企业如何去努力前进，面对困难重重，机会危险也重重，不进则退。如果不能扛起重大的社会责任，坚持创新，迟早会被颠覆。

——华为创始人 任正非

第 1 节　只有创新才能在竞争激烈的市场中生存

在中国企业界，华为就是一部活的创新教材，但凡提及创新，华为就是一个绕不过去的企业。华为从成立之初的通信核心网络技术的研究和开发公司，到如今成为世界顶尖的技术引领者，都离不开华为创始人任正非倡导的技术创新理念。

在华为内部讲话中，任正非讲道："'创新是一个民族进步的灵魂，是一个国家兴旺发达的不竭动力。'江泽民总书记的这句话给华为人极大的激励和鼓舞，更加坚定了我们不断创新的信心和决心。学习江总书记在两院院士大会上的讲话，联系华为十年的发展历程，我们深有感触。华为自始至终以实现客户的价值观为经营管理的理念，围绕这个中心，为提升企业核心竞争力，进行不懈的技术创新与管理创新。在实践中我们体会到，只有不断地创新，才能持续提高企业的核心竞争力；只有提高核心竞争力，才能在技术日新月异、竞争日趋激烈的社会中生存下去。"[1]

究其原因，任正非深知，世界上唯一不变的就是变化，只有坚持技术创新，才能适者生存。纵观诸多跨国企业，它们最终失败的根源就是

---

[1] 任正非. 创新是华为发展的不竭动力 [N]. 光明日报，2000-07-18.

不敢进行组织变革和采纳颠覆性创新技术，成功反而成了桎梏。

　　跨国企业的倒下，其实原因很简单，就是舍不得放弃既得利益，没有勇气创新，也没有勇气"革掉自己的命"，结果在内外部形势变化的情况下，轰然倒下。因此，在任正非看来，要想在极速变化的信息与通信技术产业中生存，就必须不断地进行技术创新，甚至还允许小部分进行有边界的颠覆式创新。

极速变化的信息与通信技术产业中
生存就要不断创新

　　2017 年，作为全球光通信设备商中佼佼者的华为一举击败思科，成为名副其实的霸主。可能读者会问华为是谁，《华为 2016 年年报》给出了答案："华为是全球领先的信息与通信技术（以下简称 ICT）解决方案供应商，专注于 ICT 领域，坚持稳健经营、持续创新、开放合作，在电信运营商、企业、终端和云计算等领域构筑了端到端的解决方案优势，为运营商客户、企业客户和消费者提供有竞争力的 ICT 解决方案、产品和服务，并致力于使能未来信息社会、构建更美好的全联接世界。目前，华为约有 18 万名员工，业务遍及全球 170 多个国家和地区，服务全世界三分之一以上的人口。"

　　华为之所以能够取得如此辉煌的业绩，与任正非倡导的技术创新分不开。基于此，华为被世界顶级的跨国企业称赞也是在情理中的。

　　欧洲一个通信制造商的高管曾经在一个非正式场合讲道："过去 20 多年全球通信行业的最大事件是华为的意外崛起，华为以价格和技术的破坏性创新，彻底颠覆了通信产业的传统格局，从而让世界绝大多数普通人都能享受到低价优质的服务。"

在该高管看来，华为技术的破坏性创新打破了欧美主导的垄断格局，让华为脱颖而出。可事实上，对于华为来说，要在保证低价格的情况下还要保持优质的服务，实属不易。然而，任正非却明白，要想在较量中彻底战胜对方，必须在维持自身发展的同时，保证自身的创新技术绝对不落后，因为落后就意味着挨打。

事实证明，对于任何一家企业来说，要想生存和发展下去，创新就是一个绕不过的坎。对于华为来说，也同样如此。如前所述，华为从一家小型的、没有任何背景支持的民营企业，快速地成长、扩张成为今日全球通信行业的领导者，无疑离不开创新。

在过去四年中，全球通信行业由于受到后金融危机的影响，在萎缩、低迷中徘徊。但是，机遇总是留给那些有准备的人，来自中国的华为逆势增长。

根据华为官方给出的《华为 2016 年年报》数据显示，2016 年华为实现全球销售收入 5216 亿元人民币，净利润 371 亿元人民币。该年报还显示，销售收入、营业利润以及经营活动现金流的年复合增长率分别为 24%、23%、18%。

众所周知，华为创建于 1987 年，在这 30 年里，主要分为如下四个阶段：

第一阶段：1987 年至 1992 年。

这一阶段的华为，仅仅是一个以贸易为主营业务的创业企业，其创业的资本金只有区区 2.1 万元人民币。

经过 5 年的发展，员工人数从 3 名发展到 1992 年的 200 多名。在此阶段，华为主要从事的是通信交换机产品的贸易代理。

1990年，华为开始有了自己的交换机产品，但是技术和产品质量都较为低端。在当时，中国通信市场几乎被西方公司所占据，西方公司处于绝对垄断地位。作为初创阶段的华为，其产品主要用于中小企业内部通信。

第二阶段：1993年至2000年。

此阶段，华为已经采取"农村包围城市"战略，成功地进入中小城市市场——地级市以下的市场。

在"走出去就是活着"的指导思想下，1996年，华为开始开启国际化引擎，开拓中国之外的市场。尽管持续多年的屡战屡败，但是最后也等来了胜利的曙光。

第三阶段：2001年至2004年。

在此阶段，华为在全球新兴市场，比如俄罗斯、东南亚、非洲市场有了重大突破。

第四阶段：2005年至今。

如今的华为，已是一家全球性的跨国企业，产业遍及全球各大市场，包括西方发达国家市场。在这一阶段，华为65%以上的销售收入来自海外市场，业务遍及全球170多个国家和地区。

在未来的发展中，华为的销售收入将超过1000亿美元。作为一个完全意义上的民营企业，经过30年的快速成长，华为不仅成为中国国内的企业标杆，同时还成为全球通信行业的领导者，其秘诀是什么？笔者通过对华为近20年的追踪、研究发现，创新驱动就是一个最为重要的因素。

100 个世界知名品牌，我们只有华为一个

大量事实证明，在中国企业创新成功典范中，华为占据一席之地，甚至被誉为中国企业创新的一张亮丽名片。为此，《小康》杂志记者于靖园曾撰文写道："创新，是国家命运所系，也是企业命运所系。"

在于靖园看来，华为的成功与创新密不可分。2017 年 3 月 19 日，中共中央政治局常委、国务院副总理张高丽在中国发展高层论坛开幕式上的讲话中高度称赞了华为，张高丽提到，100 个世界知名品牌，我们只有华为一个。

作为中国民营企业代表的华为，回顾其发展，可谓是"一部融合了创新的理念与逻辑、光荣与梦想、经验与教训、故事与传奇的'炼狱史'"[①]。

中国科技发展战略研究院研究员赵刚在新书发布会上对华为给予充分肯定："我国的创新能力，特别是企业的创新能力并不强，75% 以上的企业没有自己的创新研发，企业整体的研发投入还占不到 GDP（国内生产总值）的 1%，以至于经济发展没有坚实的后盾，难以实现健康良性发展。华为重视技术创新，认可人力资本的价值，吸引并聚集了大量创新型高端人才，在国际技术专利与知识产权方面硕果累累，在创新方面确实为我国企业树立了非常好的标杆。"[②]

北京交通大学教授冯华同样对华为做出较高的评价："华为是一个创新的标杆，是一面创新的旗帜，也是一个有生命的组织，今年华为已

---

① 于靖园. 华为式创新为何能成功？[J]. 小康，2017（5）.
② 同上.

经 30 岁了，正在走向而立之年，正在处于一个大的转型时期。前面的 30 年，华为实现了从市场创新引领技术创新到产品创新进一步获得长足发展的过程，而现在正在向着无人区去引领基础创新，是从跟踪创新到引领基础创新的转折期。"①

对于任何一家高科技企业来说，研发能力都是生存和打败竞争对手的基石，也是企业基业长青和持续发展的原动力。正因为如此，很多高科技企业对研发投入毫不吝啬。

华为更是把企业研发作为一项重要指标。根据华为年报显示，2015年，华为实现销售总额 3950 亿元人民币，同比增长 37%；净利润 369 亿元人民币，同比增长 33%。其中，华为在 2015 年的研发投入竟然高达 596 亿元人民币，研发投入占到销售总额的 15%。

正是因为华为大手笔的研发投入，华为才取得数以万计的专利。2014 年，华为就曾以 3442 件的专利成绩，位列世界第一。

世界知识产权组织发布的数据显示：2015 年，华为以 3898 件专利申请量蝉联全球企业专利排名榜首。

根据华为年报显示，华为累计申请了 52550 件国内专利和 30613 件国外专利，专利申请总量位居全球第一。根据国家知识产权局公布的 2015 年企业发明专利授权量排名，华为 2015 年的中国专利授权量仅次于中石化和中兴，位列第三位。

客观地讲，对于企业来说，专利的申请数量多并不意味着该企业在专利上面的积累和优势，只有被授权的专利多，才拥有真正的话语权。

究其原因，在国际领域的专利诉讼案中，都是以海外被授权专利

---

① 于靖园.华为式创新为何能成功？[J].小康，2017（5）.

为法律依据点。据中国国家知识产权局规划发展司于 2015 年 11 月发布的《2014 年中国有效专利年度报告》显示：中国有效专利构成结构不均衡，科技含量及创造水平较高的发明专利所占比重相对较低，仅为 17.6%。而国外在华有效专利多年来均是以发明专利为主，2014 年占到国外有效专利总量的 79.9%。

从这份报告足以看出，中国企业由于历史和自身的局限，在专利的重视和申请这一环相对较为薄弱，在国际化的过程中，经常会遭遇专利诉讼。

例如，2014 年，小米在印度市场就曾遭遇爱立信的侵权指控。即使是核心技术雄厚的华为，在国际化过程中也曾遇到过类似的专利诉讼。

究其原因，由于历史的原因，诺基亚、爱立信、高通等少数通信企业依然掌握通信领域的较多核心专利。

以爱立信为例，该公司是持有 3G 标准关键技术专利最多的公司，同时还持有 25% 与 4G 标准技术相关的专利。不仅如此，爱立信在专利数量上也非常大，一共拥有 3.3 万项以上的专利技术。

又如诺基亚，尽管诺基亚自身退出手机市场的自主运营，但是其涉及手机通信相关的专利技术竟然高达上万件。苹果、三星、HTC、微软、黑莓、LG、索尼、摩托罗拉、华为等企业缴纳的专利授权费每年至少 5 亿欧元。

第 2 节 "不要怕颠覆性创新砸了自己的金饭碗"

在任正非看来，技术创新可能引发蝴蝶效应，一方面能提升企业的核心竞争力，另一方面也可能触及企业一部分人的自身利益而阻碍颠覆性创新的研究。

任正非在内部讲话中告诫华为人："自我批判是拯救公司最重要的行为。从'烧不死的鸟是凤凰'，'从泥坑里爬出的是圣人'，我们就开始了自我批判。正是这种自我纠正的行动，使公司这些年健康成长。"

任正非强调："满足客户需求的技术创新和积极响应世界科学进步的不懈探索，以这两个车轮子，来推动着公司的进步。华为要通过自我否定、使用自我批判的工具，勇敢地去拥抱颠覆性创新，在充分发挥存量资产作用的基础上，也不要怕颠覆性创新砸了金饭碗。"

在任正非看来，华为要想生存和发展，要想在与跨国企业的较量中获胜，要想基业长青、永续经营，就必须敢于创新，只有这样，才能真正地拥有"金饭碗"。

颠覆性创新的战略逻辑

对于巨型企业来说，不太可能进行大规模的颠覆性创新，通常都会采取持续性创新。一些巨型企业，要想基业长青、永续经营，只能小规模地进行颠覆性创新，这或许能够成为支撑企业长盛不衰的一个路径。任正非在内部讲话中告诫华为人说道：

> 我们的"2012 实验室"，就是使用批判的武器，对自己、对今天、对明天批判，以及对批判的批判。他们不仅在研究适应颠覆性技术创新的道路，也在研究把今天的技术延续性创新以迎接明天的实现形式。在大数据流量上，我们要敢于抢占制高点。我们要创造出适应客户需求的高端产品；在中、低端产品上，硬件要达到德国、日本消费品那样永不维修的水平，软件版本要通过网络升级。高端产品，我们还达不到绝对的稳定，一定要加强服务来弥补。
>
> 这个时代前进得太快了，若我们自满自足，只要停留三个月，就注定会从历史上被抹掉。正因为我们长期坚持自我批判不动摇，才活到了今天。今年（2013 年），董事会成员都是架着大炮《炮轰华为》；中高层干部都在发表《我们眼中的管理问题》，厚厚一大摞心得，每一篇都是我亲自修改的；大家也可以在心声社区上发表批评，总会有部门会把存在的问题解决，公司会不断优化自己的。[①]

---

① 任正非 .2013 年 12 月 30 日，任正非在华为 2013 年度干部工作会议的讲话 .

　　与巨型公司相反的是，初创企业在创新过程中，往往较为激进，为了打破巨型企业的封锁，一般采用颠覆性创新，以期脱颖而出。

　　所谓颠覆性创新，其理论是由 Innosight（创新与发展咨询公司）创始人、哈佛大学商学院商业管理教授克莱顿·克里斯坦森（Clayton Christensen）在哈佛大学所做的研究工作中总结提出的一个理论。

　　在克莱顿·克里斯坦森看来，颠覆性创新理论旨在描述新技术（革命性变革）对企业生存与发展的影响。

　　1997年，在《创新者的困境：当新技术使大公司破产》（The Innovator's Dilemma：When New Technologies Cause Great Firms to Fail）一书中，克莱顿·克里斯坦森首次提出了"颠覆性技术（Disruptive Technologies）"这个词语。

　　在书中，克莱顿·克里斯坦森写道："反复的事实让我们看到，那些由于新的消费供给范式的出现而'亡'的企业，本应该对颠覆性技术有所预见，但却无动于衷，直至为时已晚。"

　　克莱顿·克里斯坦森的理由是："只专注于他们认为该做的事情，如服务于最有利可图的顾客，聚焦边际利润最诱人的产品项目，那些大公司的领导者一直在走一条持续创新的道路，而恰是这一经营路线，为颠覆性新技术埋葬他们敞开了大门。这一悲剧之所以发生，是因为现有公司资源配置流程的设计总是以可持续创新、实现利润最大化为导向的，这一设计思想最为关注的是现有顾客以及被证明了的市场面。然而，一旦颠覆性创新出现（它是市场上现有产品更为便宜、更为方便的替代品，它直接锁定低端消费者或者产生全然一新的消费群体），现有企业便立马瘫痪。"①

　　为此，克莱顿·克里斯坦森告诫企业经营者："他们采取的应对措施往往是转向高端市场，而不是积极防御这些新技术、固守低端市场。然而，颠覆性创新不断发展进步，一步步蚕食传统企业的市场份额，最终取代传统产品的统治地位。"

　　基于此，对于任何一家企业来说，在寻求新的增长业务时，通常会通过两种创新形式来达到：第一，通过持续创新（Sustaining Innovation），从市场领导者手中抢夺现有市场；第二，通过颠覆性创新（Disruptive Innovation），或开辟新的市场，或扎根于那些现有产品的"最差顾客群"。

　　谈及颠覆性创新，克莱顿·克里斯坦森把它分为两个类型：第一个，通过锁定现有产品没有服务到的顾客群体从而产生新的市场；第二个，竞争现有产品市场上的低端消费者。

　　根据克莱顿·克里斯坦森颠覆性创新模型，当现有市场顾客的需求表现不断提高时，为满足这一需求的技术范式表现也随之提高。通常，技术范式表现与顾客需求表现的提高过程是两个不同的轨线，见图 1-1。

①［美］克莱顿·克里斯坦森.创新者的窘境［M］.胡建桥，译.北京：中信出版社，2010.

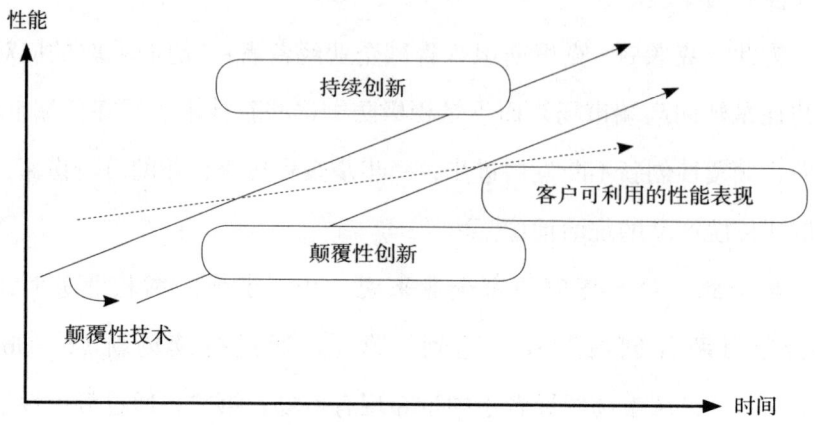

图 1-1 克莱顿·克里斯坦森颠覆性创新的流程

如图 1-1 所示，当持续创新与颠覆性创新两条轨线的倾斜程度不一致、技术范式轨线超过了顾客需求轨线时，就意味着原本活跃在非主流次级市场上的新技术转移到其他顾客群。当顾客发生变化时，企业经营者就不得不通过创新的手段去满足新的顾客需求。

企业经营者往往没有把此类顾客放到他们的供给里。在这部分企业经营者看来，此类顾客需求的产品或者服务是非主流的、不符标准的。因此，当现有市场发生变化时，创新产品表现也被认为比传统技术范式的供给更有价值、与顾客需求更直接相关。

这就要求企业经营者把颠覆性创新与大众普及化协调起来。如果一家企业将其产品性能表现提升到超过顾客需求表现的程度，并使得顾客不得不为超标性能额外付出，那么这些在创新变革上做过了头的企业，也是不可能赢得市场的。其结果要么是颠覆性创新产品抢走市场，要么就是被大众普及化产品压榨利润。当某一行业遭受颠覆性创新浪潮的冲击时，价值链上产生利润的环节随着时间变化也在转变。当一切发生时，如果某一企业能够将自己定位于价值链上原本表现不佳的环节，它必然将实现盈利。①

"允许小部分力量有边界地去颠覆性创新"

对于任何一家企业来讲，允许部分颠覆性创新可以为引领未来做好技术储备。作为中国民营企业的华为从当初一个默默无闻的小企业，到如今登上世界冠军宝座，足足用了 30 年时间。

华为之所以能够保持持续创新，是因为华为必须积累核心技术和探索前沿技术，只有持续创新，才能追赶和超越竞争者，不被后来者所颠覆。

当柯达、诺基亚等一大批跨国企业从鼎盛走向衰落后，很多企业经营者意识到与时俱进的创新是多么重要。一旦用户变了，企业的产品研发技术就必须为之改变，一旦不改变，就有可能被颠覆。

为此，学者撰文分析道："未来世界，是万物互联的世界，人与人、人与机器、机器与机器，将通过人工智能、虚拟现实、器官感知等技术实现无缝连接。手机将作为打通现实与数字世界的关键桥梁，也将从基础智能逐渐向深度智能发展，它的功能将不仅仅停留于通信，而会是一个智慧生活助手，帮助人类处理各种问题。当然，也不排除会有更先进的设备取代智能手机的地位，但无论如何，对于企业而言这些都依赖于自身技术的积累和对未来的探索。"

---

① [美]克莱顿·克里斯坦森.创新者的窘境[M].胡建桥，译.北京：中信出版社，2010.

这样的观点得到华为消费者 BG（业务集团）CEO（首席执行官）余承东的肯定，余承东在《哈佛商业评论》2015 中国年会上说道："华为早已走在价值创新的路上，并在下一代关键技术方面，如云服务、美学设计、纳米技术、未来网络、新能源、大数据、无人驾驶、人工智能、AR（增强现实技术）、VR（虚拟现实技术）、高级算法等，进行积累，为未来 20 年筑下根基。"

关于颠覆式创新，任正非在内部讲话中做了详细的阐释，任正非说道："聚焦主航道，以延续性创新为主，允许小部分力量有边界地去颠覆性创新。"

在任正非看来，只有探索新技术，才能避免被竞争者的颠覆性创新所替代。任正非认为，创新不能盲目，但是也不能画地为牢，必须打破僵化的思维，在坚持推动有价值的创新基础上，允许小部分力量有边界地去颠覆性创新。不然，就可能在竞争中淘汰。

众所周知，华为在欧洲等发达国家市场的成功，主要得益于两大架构式的颠覆性产品创新：一个是分布式基站，一个是 SingleRAN[①]，后者被沃达丰的技术专家称作"很性感的技术发明"。

SingleRAN 的设计原理，是指在一个机柜内实现 2G、3G、4G 三种无线通信制式的融合功能，至少从理论上可以帮客户减少 50％ 的建设成本。

当该产品成功后，华为的竞争对手也企图对此进行模仿创新，但是至今未有实质性突破，因为这种多制式的技术融合，背后有着复杂无比的数学运算，并非简单的积木拼装。

---

① 华为的一个无线网络解决方案产品。

正是这样一个革命性、颠覆性的产品，给华为拓展全球市场打下了坚实的基础。一位国企的董事长见任正非时说了一句话："老任，你们靠低价战术怎么在全世界获得这么大的成功？"

任正非的回答让他大吃一惊："你错了，我们不是靠低价，是靠高价。在欧洲市场，爱立信的价格最高，不过华为的产品平均价低于爱立信 5%，但是却高于阿尔卡特 – 朗讯、诺基亚 – 西门子 5% ~ 8%。"

2012 年、2013 年两年，欧盟贸易专员对华为发起所谓的反倾销、反补贴调查时，华为在欧洲市场的竞争对手，包括爱立信、阿尔卡特 – 朗讯、诺基亚 – 西门子等企业全部为华为背书，坚称华为没有低价倾销。

尽管如此，华为为了使欧洲市场的商业生态平衡，最后还是妥协了。为此，任正非说道："我要做投降派，要举白旗，我提升价格与爱立信一样，或略高一些。什么叫投降派、举白旗呢？华为要想在这个世界进一步做强、做大，就必须立足于建立平衡的商业生态，而不是把竞争对手赶尽杀绝。当华为把其他竞争对手赶尽杀绝了，华为就是成吉思汗，就是希特勒，华为一定会灭亡。"

第3节 "创新虽然有风险，但不创新才是最大的风险"

对于任何一个企业经营者来说，没有冒险意识，就意味着零回报，因为创新本身就是一项风险很高的战略决策。为此，任正非在内部讲话中告诫华为人："创新虽然有风险，但不创新才是最大的风险。华为要运用自我批判的工具，勇敢地去拥抱颠覆性创新，不要怕颠覆性创新砸了自己的金饭碗。"

任正非给予华为人一个较为清晰的创新指导思想："要加大以技术为中心的战略性投入，以领先时代。我们以客户为中心讲多了以后，可能会从一个极端走到另一个极端，会忽略以技术为中心的超前战略。将来，我们以客户为中心和以技术为中心两者是'拧麻花'一样的。满足客户需求的技术创新和积极响应世界科学进步的不懈探索，以这两个车轮子，来推动着公司的进步。"

"如果不能扛起重大的社会责任，坚持创新，迟早会被颠覆"

对于任何一家企业来说，创新都是必不可少的，因为消费者都会接受新的技术创新产品。为此，危机意识浓厚的任正非在内部讲话中告诫华为人说道："从科技的角度来看，未来二三十年人类社会将演变成一个智能社会，其深度和广度我们还想象不到。越是前途不确定，越需要创造，这也给千百万家企业公司提供了千载难逢的机会，企业如何去努力前进，面对困难重重，机会危险也重重，不进则退。如果不能扛起重大的社会责任，坚持创新，迟早会被颠覆。"

2017 年 7 月 20 日晚，美国《财富》杂志发布了最新一期的世界 500 强名单。

在此次榜单中，来自中国的华为，以 785.108 亿美元的营业收入首次进入前百强之内，排名第 83 位，较 2016 年的第 129 位提升了 46 位。在主要设备商中，其竞争对手爱立信却以 260.044 亿美元的营业收入，排名第 419 位，直接被华为甩开 300 个身位。

值得欣喜的是，在 2017 年的世界 500 强榜单上，中国上榜公司的数量继续增长，达到了 115 家。在净资产收益率榜上，来自中国的华为、美的、腾讯、吉利、万科上榜，华为位列中国企业首位。

根据华为 2017 年 3 月 31 日发布的年报数据显示，华为 2016 年全球销售收入达 5216 亿元人民币，四年间翻了一倍有余。旗下三大业务板块组成华为收入增长的三驾马车，运营商实现销售收入 2906 亿元人民币，同比增长 24%；企业业务领域，实现销售收入 407 亿元人民币，同比增长 47%；消费者业务，全年智能手机发货量达到 1.39 亿台，销售收入 1798 亿元人民币，同比增长 44%。

在 2017 年 4 月举行的财报沟通会上，作为华为轮值 CEO 的徐直军介绍说道："2016 年华为聚焦战略、厚积薄发，实现了稳健增长。随着人类对数字世界的探索不断取得突破，数字化和智能化进程为各行业带来了巨大的商业机遇，也为 ICT 行业开辟了新增长之路。"

在研发投入上，华为 2016 年的研发投入首次超过 100 亿美元。对此，徐直军称，当年的研发投资不会为当年创造收入，一般是第二年和第三年。

徐直军介绍说道："研发费用在内部分为两大块：一块是产品开发投资，基于客户需求提供产品和解决方案；第二块是面向未来的研究和创新，2016 年这一部分的总体占到整体研发投资的 17%。剩下的 83% 投向了满足客户需求的产品和解决方案。"

不过，在利润排行榜上，苹果以 456 亿美元的利润牢牢地占据第一的位置，再次成为最会赚钱的企业。遗憾的是，尽管智能手机是近年来中国制造的一个亮点，但是利润却很低。

根据市场研究公司 Strategy Analytics 发布的统计报告显示，2017 年第一季度，苹果占据了全球智能手机销售利润的 83%，三星占 13%，两家拿下了 96%。2017 年第一季度，苹果手机的运营利润约为 101.8 亿美元；中国利润最好的是 OPPO，运营利润为 2.54 亿美元；华为的运营利润为 2.26 亿美元。

这组数据足以说明，尽管国产智能手机极力追赶销量，但是在高端市场以及全球市场的表现却不容乐观，特别是与苹果相比，差距仍然很大。

华为消费者 BG CEO 余承东在 2017 年 1 月接受媒体采访时说道："任总批评终端盈利不佳，华为手机 2016 年的利润几乎没有增长，利润率也在下降。今年开始要控制投入，对已经盈利的市场，要降低零售商的利润空间，而对一些新兴市场的投入，也要控制节奏。"

在手机中国联盟秘书长王艳辉看来，从销量上赶超苹果并不难，近两年有机会实现，但从利润赶超，华为等厂商则面临着一定挑战：一方面智能手机行业将告别野蛮生长进入缓慢发展期，出货量很难取得大幅提升；另一方面，经历了第一轮的大浪淘沙，留下的竞争对手都是能力较强的厂商。①

众所周知，《财富》世界 500 强排行榜，一直被视为衡量全球大型企业的一个最权威的榜单，每年只发布一次。2016 年，上榜公司的总营业收入、净利润总和以及入围门槛均有 11% 左右的下降。然而，在 2017 年，总营业收入、净利润总和以及入围门槛这三个指标均有小幅回升。

过去，上榜世界 500 强的中国企业，通常以国营企业为主，主要集中在银行、石油、钢铁、电力、通信、保险等领域。民营企业的实力则相对过于单薄。不过，从 2017 年的榜单来分析，中国民营企业的实力在不断地增强。当阿里巴巴、腾讯、京东陆续上榜后，全球顶尖的六家互联网服务大公司，中国与美国各占一半。

"昨天的优势，今天可能全报废，天天都在发生技术革命"

在"互联网 +"时代，对于任何一家企业来说，都必须保持高强度的创新，特别是防范颠覆式创新对自身的冲击。其原因往往有如下两个：

---

① 李娜 . 华为首次跻身世界 500 强前 100 甩开爱立信 300 个身位 [N]. 第一财经日报，2017-07-21.

第一，在技术创新引领发展的趋势下，不管企业经营者愿不愿意相信，同行业竞争者肯定会越来越关注技术创新，结果是竞争者关注创新会使其竞争优势增强。对于那些不投入或者低投入创新的企业来说，无疑是不利的。

第二，随着颠覆性创新，进入行业的门槛可能因此变低。一些跨行业的小企业可能凭借自身的颠覆性技术，从某一细分市场着手，迅速成为这个区域的隐形冠军，进而威胁到整个行业的生存。

基于此，在华为的内部讲话中，任正非告诫华为人："信息产业进步很快。昨天的优势，今天可能全报废，天天都在发生技术革命。在新问题面前，小公司不明白，大公司也不明白，大家是平等的。华为知道自己的实力不足，不是全方位的追赶，而是紧紧围绕核心网络技术的进步，投入全部力量。又紧紧抓住核心网络中软件与硬件的关键中的关键，形成自己的核心技术。在开放合作的基础上，不断强化自己在核心领域的领先能力。"

要想保持华为的竞争力，就必须洞察未来技术创新的发展方向。在任正非看来，保证华为创新最有效的原则就是满足客户需求，以及建立一套与之相对应的管理体系。早在 2000 年，任正非在华为的内部讲话中告诫华为人：

> 公司近一万六千名员工中，从事研发的有七八千人。而四五千名市场人员，又是研发的先导与检验人员。从客户需求、产品设计到售后服务，公司建立了一整套集成产品开发的流程及组织体系，加快了对市场的响应速度，缩短了产品开发时间，产品的质量控制体系进一步加强。在硬件设计中，采用

先进的设计及仿真工具，加强系统设计、芯片设计、硬件开发过程质量控制体系、测试体系的建设，并在技术共享、模块重用、器件替代等方面加大力度。尤其是代表硬件进步水平的芯片方面，我们进行了巨大的投入。目前，公司已经设计出 40多种数字芯片，几种模拟芯片，年产 500 万片。设计水平也从0.5 微米，提升到 0.18 微米。拥有自主知识产权的芯片，极大地提升了硬件水平，降低了系统成本。

软件开发管理的难度在于其难以测评和过程的复杂性。公司坚持向西方和印度学习软件管理办法，在与众多世界级软件公司开展的项目合作中实践、优化。我们紧紧抓住量化评估、缺陷管理、质量控制、项目过程以及配置管理等 SEI-CMM 软件能力成熟度的标准要求，持续多年地进行软件过程的改善实践。目前，华为的软件开发能力有了质的进步，完全具备高质量、高效的大型软件工程作业能力。迄今为止，已成功开发出多种大型复杂的产品系统，如 C&C08 交换机、GSM（全球移动通信系统）、数据通信和智能网等，其软件规模均接近千万行源代码，由数千人在两三年的时间跨度内，分散在不同地域协同完成。

核心竞争力对一家企业来讲是多方面的，管理的创新对高科技企业来说，比技术创新更重要。华为在发展中还存在很多要解决的问题，我们与西方公司最大的差距在于管理。四年前（1996 年）华为公司提出与国际接轨的管理目标，同时请来西方顾问在研发、生产、财务、人力资源等方面开展长期合作，在企业的职业化、制度化发展中取得进步，企业的核心竞争力得到提升，企业内部管理开始走向规范化运作。

　　华为持续每年提取大于销售收入的 15% 用于研究开发，继续把最优秀的人才派往市场与服务前线，通过技术领先获得利润，又将利润用于研发，带动更多的突破，未来十年一定是华为大发展的十年。华为的员工平均年龄二十七八岁，十年后才三十七八岁，正当年，他们一定会在未来十年内推动华为的发展与进步。①

　　任正非的忧虑是有道理的。对于任何时代，任何行业，中国企业经营者都必须主动地变革，主动地颠覆旧有优势，打破陈规，方能在与竞争者的较量中获胜。

"十年回顾，不创新才是最大的风险"

　　对于任何一家企业来说，只有坚持创新，才能基业长青、永续经营。在内部讲话中，任正非回顾十年历史时说道：

　　华为是在艰难的学习中成长起来的。十年前（1990 年），华为十分落后，当时党中央发出号召，要发展高科技，连我们自己都缺少信心。十年来，在党的政策的激励下，华为经历

---

① 任正非. 创新是华为发展的不竭动力 [N]. 光明日报，2000-07-18.

了艰难困苦的奋斗，终于在 SDH 光传输①、接入网、智能网、信令网、电信级 Internet（因特网）接入服务器、112 测试头等领域开始处于世界领先地位，密集波分复用（DWDM）、C&C08iNET 综合网络平台②、路由器、移动通信等系统产品挤入了世界先进的行列，明年（2001 年）华为的宽带 IP 交换系统以及宽带 CDMA③也将商用化。这标志着在党的领导下，一群土生土长的中国人，争得与世界著名公司平等的技术地位，为伟大祖国争了光。

在华为创业初期，除了智慧、热情、干劲，我们几乎一无所有。从创建到现在华为只做了一件事，专注于通信核心网络技术的研究与开发，始终不为其他机会所诱惑。敢于将鸡蛋放在一个篮子里，把活下去的希望全部集中到一点上，华为从创业一开始就把它的使命锁定在通信核心网络技术的研究与开发上。我们把代理销售取得的点滴利润几乎全部集中到研究小型交换机上。利用压强原则，形成局部的突破，逐渐取得技术的领先和利润空间的扩大。技术的领先带来了机会窗的利润，我们再将积累的利润又投入到升级换代产品的研究开发中，如此周而复始，不断地改进和创新。今天尽管华为的实力大大地增强了，但我们仍然坚持压强原则，集中力量只投入核心网络的研发，从而形成自己的核心技术，使华为一步一步地前进，

———————

① 一种通信设备。
② 一种网络平台技术产品。
③ 一种无线通信技术。

逐步积累到今天的世界先进水平。

有创新就有风险，但决不能因为有风险，就不敢创新。回想起来，若不冒险，跟在别人后面，长期处于二三流，我们将无法与跨国公司竞争，也无法获得活下去的权利。若因循守旧，也不会取得这么快的发展速度。①

在任正非看来，虽然创新本身具有高风险，但是不能就此停止，必须敢于冒险，勇于创新。

众所周知，对于巨型企业而言，企业创新的动力，特别是在战略转型时，永远都是来自外部的竞争。如 CPU（中央处理器）的霸主英特尔。

英特尔曾经是存储芯片的霸主，在遭受日本企业的恶性价格战之后，英特尔公司前董事长和首席执行官安迪·格鲁夫（Andrew S. Grove）被迫开启英特尔的转型之路，彻底放弃存储芯片，聚焦在 CPU 的研发和生产。经过几番转型，英特尔最终成为中央处理器的王者。

蓝色巨人 IBM（国际商业机器公司）也同样如此，在面对戴尔、联想、华硕等个人电脑企业的竞争时，IBM 前主席兼 CEO 路易斯·郭士纳（Louis V. Gerstner）采取主动转型，积极开展软件与服务的转型，最终成就了世界最大的蓝色巨人。

面对金融危机，当竞争对手都纷纷束手无策时，作为蓝色巨人的 IBM，却能力挽狂澜，其股价一涨再涨。

2012 年 8 月，IBM 股价已几乎达到了 2009 年低潮时的两倍。

---

① 任正非. 创新是华为发展的不竭动力 [N]. 光明日报，2000-07-18.

与 IBM 相反的是，惠普、思科等竞争对手在金融危机时的股价却不尽如人意。如惠普，在 2012 年遭遇一系列打击后，惠普公司的股价远低于 2009 年同期；不仅是惠普，连当初"力拔山兮气盖世"的思科，其股价表现同样令投资者失望，被 IBM 远远甩在身后；在华尔街"华山论剑"中，尽管微软和甲骨文这两家公司的股价表现较好，但是依然无法与同期的 IBM 股价表现相提并论。

学者瑞杰为此撰文："需要指出的是，在此轮股价疯涨过程中，IBM 的股价不仅达到了千禧年科技企业泡沫经济时的高度，还远远超过了当时的股价顶峰水平。但以上提及的其他科技企业股价却依旧远低于各自科技企业泡沫时期的股价。"

IBM 的股价"逆势上涨"，的确足够令人兴奋。很多人在问，IBM 是如何做到的呢？

答案其实非常简单，在转型过程中，IBM 不断地将业务重心转移。

以前，IBM 的核心业务是硬件研发和生产，并出售大型主机。如今的 IBM，尽管仍然研发和生产硬件并出售大型主机，但是，这块业务所占 IBM 营业收入的比例已经越来越小。

20 世纪 80 年代末 90 年代初期，当 IBM 逐渐被小型竞争对手在"PC 革命"中追上并赶超后，IBM 就已经开始了转型之路——向"服务型企业"转型。

需要说明的是，在过去十多年中，IBM 之所以能够复苏，是因为自身遍布全球的 IT 服务，尤其是针对大型企业和政府客户所提供的 IT 服务。

虽然目前 IT 服务为 IBM 贡献不小的营业收入——每年为 IBM 带来超过 600 亿美元的营业收入，但是，IBM 再次开始转型，再次逐渐削弱 IT 服务对于 IBM 公司业务的重要性。

当研究者们明白 IBM 开始战略转型时，IBM 早已为成功转型做了十年的准备了。当微软、甲骨文等软件巨头的业绩证明了"软件企业利润率远远高于硬件及 IT 服务企业"的法则时，IBM 从硬件公司向软件公司的转变已经进行多时，IBM 的转型使得自身和投资人获得巨大的收益。

在这里，我们来分析一张 IBM 2000 年和 2011 年运营利润分析表，就不难发现其中的道理，见图 1-2。

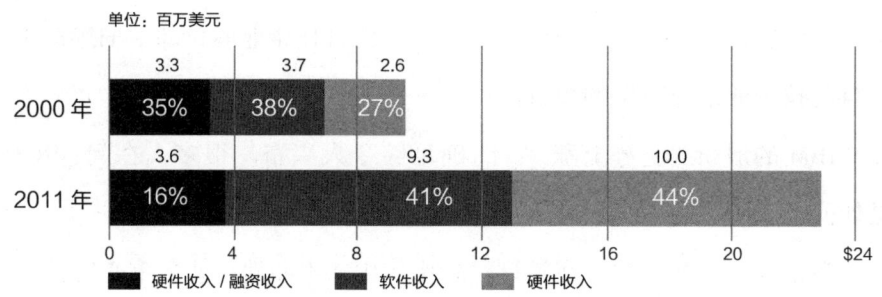

图 1-2　IBM 2000 年和 2011 年运营利润分析表对比

数据来源：瑞杰 IBM 成功转型：昔日蓝色巨人变身软件巨头，2012-08-22

在图 1-2 中，2000 年软件服务收益仅为 27%，而到 2011 年，软件服务收益为 44%，占据 IBM 销售收益的四成以上，足以成为 IBM 整体利润中的重要组成部分。

在未来几年的发展中，IBM 的软件业务营收还会提高。公开的数据资料显示，2011 年，软件业务为 IBM 贡献了 250 亿美元的营收。而 2011 年甲骨文的总营收为 260 亿美元，其中有不少营收来自软件支持和更新授权文件等"服务类"业务；2011 年，惠普的软件业务营收为 320 亿美元。

从 IBM 数次成功转型来看，企业在转型时，只有敢于放弃短期利益，才有可能顺利转型，如 IBM 把 PC 事业部出售给联想就是一个例子。

从这个角度来说，传统企业转型不仅需要决心，更需要魄力。曾经是零售、家电、商业地产行业的领军者的苏宁、海尔、万达等传统企业，尽管其优势非常明显，但是却正在遭遇电商、互联网思维、城镇化瓶颈、房地产市场放缓等因素的多重冲击。

为了持续经营，这些巨头也不得不寻求转型。因为只有积极地转型，同时敢于放弃短期利益，才能获得新生。正如苏宁创始人张近东所言——"优势总会被趋势替代"。

第 **2** 章

创新以客户为中心

CHAPTER 2

　　华为自始至终以实现客户的价值观为经营管理的理念，围绕这个中心，为提升企业核心竞争力，进行不懈的技术创新与管理创新。在实践中我们体会到，只有不断地创新，才能持续提高企业的核心竞争力；只有提高核心竞争力，才能在技术日新月异、竞争日趋激烈的社会中生存下去。

——华为创始人 任正非

第 1 节　客户需求是产品和服务创新的源泉和动力

对于任何一家企业来说，要想引领同行业，必须"以客户为中心"进行创新，否则，这样的创新毫无价值。在实际经营中，创新者的脚步之所以总快人一步，就是因为"以客户为中心"进行创新。

在与行业巨头竞争较量的过程中，正是"以客户为中心"的创新让华为活了下来，并且让自己变得越来越强大，成为世界级企业。

正是坚持以"基于客户的持续创新"为核心，坚持"以客户为中心"，持续为客户创造价值，华为才获得了高速增长。纵观华为的创新，不管是产品的核心技术创新，还是组织创新，都是以客户为导向的创新，客户是指引华为创新到达彼岸的一座航标。

华为居首，苹果、三星无缘前三的创新逻辑

不管是管理创新，还是技术创新，任正非始终坚持"以客户为中心"。在接受媒体采访时，媒体记者问道："您也经常讲华为管理问题上的不足，但在媒体心目中，管理还是华为的法宝，支撑华为发展到现

在的规模。您认为华为管理不如西方的地方，以及华为管理的特色是什么？或者说，您认为华为管理的优劣势是什么？"

任正非毫不隐瞒地回答，管理的目的就是多产粮食。任正非说道：

> 您没注意到我今天讲演的主题，是在批判不要片面地理解"蓝血十杰"，我们要避免管理者的孤芳自赏、自我膨胀，"管理之神"要向"经营之神"迈进，"经营之神"的价值观就是以客户为中心，管理的目的就是多产粮食。

> "经营之神"的目标是为客户产生价值，客户才会从口袋里拿出钱来。我们一定要把所有的改进对准为客户服务，那个部门报告说他们哪里做得怎么好，我要问粮食有没有增产，如果粮食没有增产，怎么能说做得好呢？我们的内部管理从混乱走向有序，不管走向哪一点，都是要赚钱。我担心我们的管理若陷入了孤芳自赏，结果就会是呆滞。我并没有说我们已超越了西方，还是依托西方的管理。

的确，在企业经营中，管理和技术创新的终极目的就是创造利润，偏离这个航道的创新无疑是镜中花水中月。在内部讲话中，任正非强调华为的战略——调整格局，优质资源向优质客户倾斜。任正非说道：

> 我们要调整格局，优质资源向优质客户倾斜，可以在少量国家、少量客户群中开始走这一步，这样我们就绑定一两家强的，共筑能力。

> 在这个英雄辈出的时代，一定要敢于领导世界，但是取

得优势以后，不能处处与人为敌，要跟别人合作。有人问我："你们的商道是什么？"我说："我们没有商道，就是为客户服务。"这些年教训也很深刻，不是所有运营商都能活下来，有些运营商拖着我们的钱不还，与其这样，还不如拿来给大家涨点工资。

另外，我不主张产品线和区域结合得太紧密，结合太紧密的结果，就是满足了低端客户的需求。因为区域所反映上来的不是未来需求，而是眼前的小需求，会牵制华为公司的战略方向。

正因为如此，华为才能够异军突起，在竞争激烈的手机市场中拔得头筹。2017 年 5 月，全球知名市场研究公司 GfK 集团发布了 2017 年 4 月中国智能手机零售监测报告。

根据该报告数据显示，2017 年 4 月中国智能手机销量达到 3552 万台。其中，华为的销量高达 808.3 万台，市场份额为 22.8%。OPPO、vivo 紧随其后分列第二、三位，市场份额分别为 16.5%、15.9%，曾经一度称霸中国市场的苹果和三星位居第四和第八位，与前三强无缘，见表 2-1。

表 2-1　中国智能手机零售前 10 名

排名	品牌名	销量 / 万台	市场份额	增长率
1	华为	808.3	22.8%	1.8%
2	OPPO	587.1	16.5%	−0.6%
3	vivo	564.6	15.9%	−0.1%
4	苹果	412.7	11.6%	0.6%
5	小米	396.7	11.2%	1.0%
6	魅族	125.9	3.5%	−0.4%
7	金立	123.9	3.5%	0.0%
8	三星	83.3	2.3%	−0.3%
9	乐视	48.7	1.4%	0.2%
10	联想	48.0	1.4%	−0.2%

　　根据 GfK 集团发布的报告数据显示，从市场份额来看，华为、OPPO、vivo 三大品牌以 55.2% 的占比，占据了中国智能手机一半以上的市场份额。

　　在这个榜单上，最为耀眼的自然属于华为，以 22.8% 的份额占比，成为唯一十位数破"2"的手机品牌企业，以很大优势获得中国手机市场冠军。

　　反观苹果手机，尽管市场份额占据 11.6%，环比上升 0.7%，由于苹果自身的保守和对中国市场缺乏应有的重视，其市场份额仅位列第四。在过去占据中国市场前列的三星，由于受到"电池爆炸门"的影响，其表现依旧没有起色，市场份额下滑明显，已经跌出了中国手机市场前五名。

　　从增速来看，在全球市场增长放缓的大背景下，2017 年 4 月的智能手机销量整体呈下降趋势，大盘销量环比下降 1.2%。虽然 OPPO 和 vivo 在市场份额上排名第三、第四，但是同样呈现环比下降的趋势，其中 OPPO 环比下降 0.6%，vivo 环比下降 0.1%。

　　与之相反的是，排名第一的华为手机销量却逆势上扬，环比上升 1.8%，成为 2017 年 4 月销量增速最快的手机品牌企业。

　　当然，华为手机销量的持续增长或源于其在高端市场的持续投入起到了明显的提拉作用。根据迪信通发布的 2017 年 4 月手机零售指数报告显示，3500 ~ 4000 元的中国手机市场，华为非常抢眼，其销量远超其他手机品牌，占比接近九成。

　　不仅如此，在 2017 年 4 月的中国手机销量占比中，华为销量占比首次超过苹果手机，取得阶段性胜利，跃居 4000 元以上销量占比的第一位。这样的数据足以说明，华为手机在高端市场的持续耕耘，已经卓有成效。

除了市场份额占比和增速，线上、线下销量占比也成为此次调查报告的一大看点。根据 GfK 集团的报告数据显示，2017 年 4 月线上智能机大盘销量 819 万台，环比增长 8.2%；线下智能机大盘销量 2733 万台，环比下降 3.7%。

曾以线上渠道开创互联网手机先河的小米，此次仅仅以 11.2% 的市场份额排名第五，当然，这或许与小米线下渠道发展后继乏力有关。

随着中国手机市场的饱和以及增速放缓，手机企业之间的竞争无疑越发加剧。基于此，对于手机企业来说，科技创新是品牌发展不竭的动力。

随着互联网技术的普及，以及"互联网+"时代的到来，用户才是体验经济的真正创造者。对于任何一家企业来说，只有对消费者需求精准洞察，才能成为市场的王者；只有与用户保持零距离，以满足用户实际需求为出发点，赢得民心，才能赢得市场。

华为创新的内、外动力

在给总裁班的学员讲课时，很多学员总是在问同样一个问题——华为能否算得上是一家世界一流企业？

我的答案是，华为不仅是一家世界一流企业，而且还是一家值得世界 500 强学习的一流企业。在这里，我们来看一组数据：

2010 年，华为成为继联想集团之后，成功闯入世界 500 强的第二家中国民营科技企业；2011 年，华为再度进入世界 500 强榜单并且排名上升了 46 位；2016 年 8 月，全国工商联发布"2016 中国民营企业500 强"榜单，华为以 3950.09 亿元人民币的年营业收入成为 500 强榜首。目前，华为的产品和解决方案已经应用于 170 多个国家和地区，服务全球运营商 50 强中的 45 家及全球 1/3 的人口，是全球第一大综合通信设备提供商。

当华为取得如此业绩时，学员总是在问，华为凭什么能够成为世界一流企业，其秘诀到底是什么？

我的答案就是"以客户为中心"。虽然很多中国企业都深谙这个道理，但是却不付诸实践，导致结果相差万里。为此，华为创始人任正非在《创新是华为发展的不竭动力》一文中写道：

这十年（1990 ～ 2000 年），也是西方著名公司蜂拥进入中国的十年。它们的营销方法、职业修养、商业道德，都给了我们启发。我们是在竞争中学会了竞争的规则，在竞争中学会了如何赢得竞争。既竞争又合作，是 21 世纪的潮流，竞争迫使所有人不停地创新，而合作使创新更加快速有效。我们不仅与国内竞争对手之间互相学习，而且与朗讯、摩托罗拉、IBM、TI 等十几家公司在未来芯片设计中结成了合作伙伴关系，为构建未来为客户服务的解决方案共同努力。

这十年，营运商始终是华为的良师诤友。它们在我国通信网络的大发展中，在与西方公司的谈判、招标、评标中，练就了一种国际惯例的职业化水平。没有它们的严厉和苛求，我们就不会感到生存危机，就不会迫使我们一天也不停地去创新，就不会有今天的领先。当然也由于我们的存在，迫使西方公司改善服务、大幅降价，十年来至少为国家节约了数百亿元采购成本，也算我们的一个"间接"贡献。

在这种强烈竞争的外部环境下，华为如何提升自己的核心竞争力，使自己也可以持续生存下来呢？

华为矢志不渝地追求企业核心竞争力的不断提升，从未把利润最大化作为目标。核心竞争力不断提升的必然结果就是生存、发展能力不断被提升。我们认识到，作为一个商业群体必须至少拥有两个要素才能活下去：一是客户；二是货源。

为此，首先，必须坚持以客户价值为导向，持续不断地提高客户满意度。客户 100% 的满意，就没有了竞争对手，当然这是永远不可能的。企业唯一可以做到的，就是不断提高客户满意度。提升客户满意度是十分复杂的，要针对不同的客户群需求，提供实现其业务需要的解决方案，并根据这种解决方案，开发出相应的优质产品和提供良好的售后服务。只有客户的价值观，通过我们提供的低成本、高增值的解决方案的实现，客户才会源源不断地购买我们的产品。归结起来，是企业必须管理与服务不断改进。

其次，企业必须解决货源的低成本、高增值。解决货源的关键，必须有强大的研发能力，能及时、有效地提供新产品。由于 IT 业的技术换代周期越来越短，技术进步慢的公司可能市场占有率会很快萎缩。因此，迫使所有的设备制造商，必须世界领先。IT 业每 49 天就刷新一次，这对从事这个行业的人来说，太残酷了。华为追赶世界著名公司最缺少的资源是时间，要在十年内走完它们几十年已走过的路程。华为已有 7

种产品世界领先，四五种产品为业界最佳之一，这是以一代又一代创业者的生命销蚀换来的。

1999 年，世界权威电信咨询机构 Dittberner 公司在其年度报告中指出，"华为的 C & C08 交换机在全球网上运行量在业界排名第九位"，华为因最早推出这种综合网络平台产品，被 Dittberner 公司称为"世界少数几家能提供下一代交换系统的厂家"。是党和政府营造的宏观发展环境，是客户多年来给予的理解和帮助，才使华为从幼小的树苗成长到今天的规模和水平。①

在任正非看来，华为创新动力来自内外部，不过，主要还是来自客户。"第一，'资源是会枯竭的，唯有文化才会生生不息……'这句话，是来源于 1996 年，我和外经贸部西亚非洲司长石畏山、副司长王汉江在联合国批准伊拉克石油换粮食时，在迪拜转机，飞机降落时，他们说下面是一个中东的香港，我不相信，怎么可能在沙漠里建一个香港呢？当时迪拜还是很破落的，不像今天这么好，但迪拜这个国家重视文化建设，国王把孩子们一批批送到欧美学习后再回来，提高整个社会文化素质水平。同时制定各种先进的制度及规划，吸引世界的投资。当时我震撼很大，迪拜一滴石油都没有，所以要创造一个环境，这句话的来源是这样。华为公司也是一无所有，只能靠自己，和迪拜的精神是一样的。

"第二，今天我们不是为展览管理而请你们来的，因为公共关系部借'蓝血十杰'表彰大会这个机会请你们来。

---

① 任正非 . 创新是华为发展的不竭动力 [N]. 光明日报，2000-07-18.

　　"创新和管理之间不是要强调什么关系，我们强调管理，实际是西方管理没有在华为落地。我们花了十几亿元买来的管理，现在去重新读序论，提出了'云、雨、沟'的概念。'九龙戏水'，表彰'蓝血十杰'，其实希望水要汇流，不要分流。我们走到今天，其实还是账实不相符，对前端服务、控制也不清楚，主要解决这个问题。但又担心他们过度管理，走向迷途。'蓝血十杰'造就了美国，也拖累了美国一部分企业。"

第 2 节　客户需求导向优先于技术导向

纵观中外科技企业，很多企业，特别是世界大型跨国企业，由于不重视客户需求，最终导致最先进的技术创新无法实现其商业价值，使得企业无法正常运转，因资金链断裂而走向没落。

20 世纪 90 年代，摩托罗拉研发的铱星电话可谓是雄心勃勃，但是却忽视用户需求，最终把自己拍死在沙滩上。纵观华为，同样也走过一段创新弯路。任正非在内部讲话中坦言："对技术的崇拜不要到宗教的程度。我曾经分析过华为技术、朗讯可能失败的原因，得出的结论是不能走产品技术发展的道路，而要走客户需求发展的道路。"

在任正非看来，只有把客户需求导向优先于技术导向，才是上上之策。任正非在内部讲话中告诫华为人："价值客户、价值国家、主流产品的格局是实现持续增长的最重要的要素，各产品线、各片区、各地区部都要合理调配人力资源：一方面把资源优先配置到价值客户、价值国家和主流产品；另一方面对于明显增长乏力的产品和区域，要把资源调整到聚焦价值客户、价值国家和主流产品上来。改变在价值客户、价值国家和主流产品上的竞争格局，以支持持续增长。"

创新不能走产品技术发展的道路，
而要走客户需求发展的道路

2002 年 10 月，对于不景气的通信设备市场来说，联通 CDMA 二期招标可谓该年度中国电信行业的第一采购大单，因为仅二期招标总协议价格就达到 100 多亿元。对于处于低迷状态的国内外电信设备商来说，这不啻为一根救命稻草。国内外设备供应商对此期望很高，它们都跃跃欲试，摩拳擦掌。

由于电信行业自身调整，以及联通上市等重大事宜，让招标工作一再拖延，这对国内不少设备供应商的年度赢利带来不小的麻烦。

随着联通 A 股上市，其 CDMA 二期招标突然加速。据时任联通新时空总经理的张云高介绍："招标已取得突破性进展。"

联通暗地布局二期工程后，其竞争策略也在悄悄发生变化，一方面业务扩张向纵深发展，另一方面则更看重集团用户。

在此次招标过程中，已有北电网络、摩托罗拉、朗讯、爱立信、贝尔三星、中兴这六家厂商签下合同。但让业界震惊的是，来自深圳的华为却意外落标。

众所周知，华为作为国内电信设备供应商的领头羊，在错过联通 CDMA 一期招标后，华为全力进行 CDMA1X 研发，但终因价格因素未能中标。

当华为在中国联通 CDMA 项目招标中落选后，华为痛定思痛，在反省此次教训中发现，其失败的关键在于产品开发的战略思路不正确。在以往，产品开发都通常是由技术驱动，研发什么就制造、销售什么。

如今，这种趋势已经变化了，很多新技术的不断问世，早已大大地超越了用户的现实需求,甚至一些超前太多的技术,一旦用户不能接受,企业就会因此付出大量的沉没成本,甚至可能导致企业破产。

基于此,华为研发的战略必须从技术驱动转变为市场驱动,其宗旨是以新的技术手段满足客户需求。

在华为看来,创新的动力源自客户的需求,在创新实践中必须坚持以客户为导向。具体的体现是,从最初阶段的研发就考虑到市场,甚至考虑到后期的客户如何维护等问题。

华为为此建立了一套具有特色的"战略与市场营销"体系,分析、理解客户的需求,并基于客户需求确定产品投资计划和开发计划,以确保以客户需求来驱动华为公司战略的实施。

尽管有些项目已立项,在开发过程的各个阶段中,都必须基于客户需求决定是否继续开发或停止,或加快或放缓。

为了更好地做好技术创新,从 2000 年开始,华为变革了集成产品的开发。这样的做法打破以前由研发部门独立完成产品开发的模式,变成跨部门的团队运作。即任何产品一经立项,就成立了一个由市场、开发、服务、制造、财务、采购、质检等人员组成的团队。该团队对产品整个开发过程进行管理和决策,做到产品一推到市场,就能满足客户的性能需要。

当然,华为通过服务、制造、财务、采购等流程后端部门的提前加入,在产品设计阶段,充分地考虑了可安装、可维护、可制造的需求,以及成本和投资回报,使得市场驱动的研发战略拥有了制度和机制的保障。

在华为看来,这样做不是适应市场,更不是单纯地就技术而论技术的研发,而是为了客户需求的价值创新,不是搞盲目出新。

华为在研发中，坚持市场驱动创新。2009 年，《客户世界》记者刘玉、杨伊宁采访了华为软件公司 IPCC（IP 呼叫中心）产品线总监王强："有关数据显示，华为公司在国内呼叫中心领域交换和软件应用占有率位居第一，您如何评价过去这些年华为在中国呼叫中心市场的整体表现？哪些是华为带给中国呼叫中心市场的独特价值？"

面对这些问题，王强回顾了华为的创新原则。王强说道：

华为从 20 世纪 90 年代中期做排队机开始，到现在已有十多年呼叫中心的经验，我认为正是华为以客户为中心的战略使我们向前走得更加稳健。无论是客户还是华为，追求的都不是最先进的技术，而是最适合自己的方案。

在这十多年里，我们创新推出虚拟呼叫中心、网络呼叫中心、基于 SLA（服务级别协议）的分层路由、外呼检测技术、工作流智能路由选择……华为 IPCC 平台有 100 多项专利技术，这些不是我们闭门造车在实验室里做出来的，而是这十多年坚持不断聚焦客户，并为客户提供差异化服务的自然结果。

一直以来，华为都是呼叫中心一体化设计和集成理念的倡导者和实践者，为此我们在前期也承受了业界很大的压力，而到今天几乎所有的原厂都在提一体化。我们掌握了整个方案的架构和几乎所有部件的自主知识产权，十几年来，坚持在这个一体化思路和架构下撒一层土夯实一层。我们认为这是华为能为客户提供差异化服务的根本所在。与通过并购、整合后的一体化不同，我们十年来都由统一和连续的团队设计和开发，所以华为能做到真正的控制与资源分离，即上层由软件负责的逻辑与下层由硬件承载的资源是完全分离的。这为保护客户投资并呼叫中心后续平滑演进到下一代技术提供了有力的保障。

我们提出 IPCC 三统一，即 All in one box, all in one solution, all in one suit，这是我们一体化策略的进一步发展，意思是我们希望不管是传统交换还是 SIP（会话初始协议），不管是呼入还是呼出，不管是虚拟呼叫中心还是网络呼叫中心，也不管是呼叫中心运营或运维工具，都能在一体化的解决方案中端到端提供出来。[①]

在王强看来，华为始终坚持以客户为中心，特别是针对运营商的需求提供更有特点和竞争力的产品和服务。

华为的技术创新，
归根结底是满足客户需求

任正非在内部讲话告诫华为人："顾客的利益所在，就是我们生存与发展最根本的利益所在。我们要以服务来定队伍建设的宗旨，以顾客满意度作为衡量一切工作的准绳。"

在任正非看来，华为的技术创新，归根结底是满足客户需求。任正非解释说道："从企业活下去的根本来看，企业要有利润，但利润只能从客户那里来。华为的生存本身是靠满足客户需求，提供客户所需的产

---

① 刘玉，杨伊宁.华为：以客户为中心 以创新为导向 [J]. 客户世界，2009（02）.

品和服务并获得合理的回报来支撑；员工是要给工资的，股东是要给回报的，天底下唯一能给华为钱的，只有客户。我们不为客户服务，还能为谁服务？客户是我们生存的唯一理由。既然决定企业生死存亡的是客户，提供企业生存价值的是客户，企业就必须为客户服务。因此，企业发展之魂是客户需求，而不是某个企业领袖。"

众所周知，华为在通信领域占有绝对的市场领先地位，在这样的基础之上，华为的呼叫中心产品基本覆盖了中国通信运营商的客服机构。

在接受《客户世界》记者刘玉、杨伊宁的采访时，华为软件公司IPCC 产品线总监王强回答了业界关心的问题——华为呼叫中心产品线在通信领域取得完胜的最大原因是什么？如何在通信领域之外拓展这样的优势？

王强解释说道：

华为能在通信运营商领域取得现在的成绩，我想根本的原因还是华为对于这个领域的独特理解，针对运营商的需求提供更有特点和竞争力的产品和服务，归结起来有三点：电信级、一体化、可定制。

华为接触中心平台的 DNA（基因）是电信级的，其实电信级并非是大个头，而是系统的高稳定性、高可靠性、易扩展性和可维护性。这主要源于华为对电信网络现状与演进的理解，源于华为拥有固定、移动和 IP 三个网络方面综合实力。华为有数以千计的核心平台开发测试人员，几十种极端环境（如超大话务量、温差、湿度、盐碱度、缺氧等），磨砺出的是电信级的高品质。麦加朝圣 10km 内聚集 200 万移动用户，大部分为国际漫游，整齐划一的用户行为，形成连日多波话务尖峰，网络受不均衡冲击，系统容易雪崩。使用华为方案的 STC（沙特电信公司）连续四年征服 HAJJ（麦加朝圣）期间话务高峰，告别系统每逢朝圣就瘫痪的历史。正是继承了这样的 DNA，我们在某移动运营商单点实测 BHCC1200K[①]，每天平均呼叫量为 600 万次，一套系统支撑着 2000 多座席和近8000 路 IVR（互动式语音应答）。

一体化我前面谈过了，可定制体现在两个层面：一个是定制化服务，通过全国十多个本地定制开发中心对客户提供贴身二次开发服务，支撑客户更精细运营其客服系统；另一个是定制化路标，即通过华为 MKT（市场）、行销、开发部门对客户价值需求的深度分析，将客户需求去粗存精、去伪存真、由表及里、由此及彼"定制提炼"出来，成为我们产品和方案的路标。

在行业市场，我们对这三个方面能力进行了解耦，原来它们相互过于紧密了，同时我们也对市场和客户进行了细分，对于不同区域和层级的客户我们将应用不同的能力或其组合去拓展。比如，对于中小企业客户我们考虑更多的是如何让他们用更低的价格购买到真正电信级的产品，对于大企业和行业价值客户，我们则更多考虑如何通过定制能力帮助我们的客户取得差异化的竞争力和商业成功。

还有一点非常重要，我们将集成商、代理商作为我们伙

---

① BHCC 指交换机处理能力的指标，反映交换机每小时完成呼叫的最大数量。

伴的同时，也将大家当作我们最重要的客户之一。原来基于 API（应用程序编程接口）等传统方式的二次开发和集成方式我们还将继续完善，比如提供更方便的单机测试模拟开发环境。而我们现在做的更重要事情是，将原来紧耦合的部件进行解耦，将我们对接触中心十多年的理解封装还原为一个个的原子业务，通过不断地沉淀，确保系统原子业务、业务组件、基础服务的稳定、功能强大。这样当客户有新的业务需求时，不需要像原来一样全部进行修改。只要通过工作流和规则引擎的组合，只需要基于底层的系统基础服务、原子业务、业务组件构建新的功能业务即可。这样 ISV（独立软件开发商）和 SI（服务集成商）可以有更多精力去关注其本身的业务系统开发，而可以不用更多关注呼叫中心下层的东西。①

在王强看来，电信级、一体化、可定制是满足客户需求的具体措施。随着技术的发展，呼叫中心的技术核心也在发生根本性的变化，从原先强调通信功能，进而转向关注管理软件的应用和咨询，这样的趋势促使华为不得不向客户需求贴近。

王强解释说道：

呼叫中心是一个企业信息的集散地和沟通的大枢纽。多种媒体的信息（如语音、短信、网络、视频等），在各个业务流程的驱动下在这里交互。它与电信网络、企业 IT ／ OA 网

---

① 刘玉，杨伊宁 . 华为：以客户为中心 以创新为导向 [J]. 客户世界，2009（02）.

络、互联网连接，提供不同网络中 P2P（人与人）、P2M（人与机器）、M2M（机器到机器）的沟通手段，支撑起企业与客户的交流。大部分的呼叫中心要能一年 365 天稳定高效运行，也要能即时与业务流程互动，根据企业运作要求应需而变。我们深刻地认识和理解到接触中心是稳定可靠与开放灵活的矛盾统一体，全面管理与精细运营的效率均衡器，在这一认识的指导下，华为将更加聚焦客户，不断求变创新。所有的管理软件的应用和咨询只有和客户的真实业务流程紧密结合，能真正帮助客户提升运营和运维能力，才有价值。

我举个例子：我们在 2006 年并购了一个 BI（商业智能）厂家，实现了智能分析工具在接触中心的应用。我们知道 BI 及数据仓库是一个比较厚重的体系，华为通过两年不断做嵌入式 BI，把这个应用做得与接触中心结合非常紧密。很多银行 INBOUND（呼入）服务中心或外包呼叫中心运营人员每天的第一件事情就是看 IVR 报表，为什么？是因为看是不是有更多的人选择 IVR 流程办理业务，我的成本是不是又下降了一些，今天 IVR 要做哪些调整以适应现在的营销策略。而我们在招商银行，在很多移动 10086，都实现了"My IVR"，就是我自己的 IVR。我们可以通过 BI 分析工具，可以通过 IVR 的轨迹跟踪，把客户最常用的 IVR 节点分析出来，并设置到一级菜单里面去。客户自己也可以设置，比如说对我自己，查询余额都是非常重要的，往往要放在第一个菜单。①

---

① 刘玉，杨伊宁.华为：以客户为中心 以创新为导向 [J].客户世界，2009（02）.

在王强看来，华为的技术创新归根结底是在满足客户的需求。一旦背离这样的条件，华为的创新必然遭遇像摩托罗拉一样的命运。

远离"创新者的窘境"

全球权威市场研究机构 Gartner 发布的最新数据显示，2017 年第一季度华为在智能手机市场上缩小了与两大竞争对手——苹果与三星的差距，华为市场占有率从 8.3% 上升到 9%。现阶段的华为，依然在积累实力，爆发点即将到来。早在十年前，苹果引领智能手机行业的创新。如今的苹果创新已经开始到达坡顶，引领未来行业创新的就可能是华为。

当然，华为成为中国造手机的逆袭案例，离不开最核心的硬件和软件自主研发技术的双向发力。不仅如此，中国拥有全球独一无二的完整成熟供应链，数千家供应链厂商组成了一个完备的智能手机硬件服务系统。这为华为等中国智能手机品牌在全球市场上高速增长打下了坚实的基础。

华为的成功突围，其内核还在于"以客户为中心"的创新。在任正非看来，创新永远是华为的动力源泉，在当下的"互联网+"时代，"以客户为中心"的创新导向，真正地让华为实现有价值的创新。

华为所有的新技术开发都必须以客户为导向，不为技术创新，注重"交付价值"，满足客户最为需要的功能和需求。

大量事实证明，那些行业领先企业，甚至是拥有技术优势的企业，通常容易陷入"创新陷阱"中，即超越客户的需求进行绝对的自我技术创新。

在《创新者的窘境》一书中，克莱顿·克里斯坦森分析了很多大企业之所以失败的真正原因。而危机意识较强的任正非，绝对不允许这样的困境在华为出现，他特地严加防范。在华为的多次内部讲话中，任正非都强调，华为只有坚持客户为导向的技术创新，才能避开"创新者的窘境"。

为了打破"创新者的窘境"，华为在研发过程中，合理配置资源，即华为在资源配置上持续向研发环节倾斜和"压强"。回顾华为的创业史不难看到，当初华为处在创业初期，在人才、资金较为稀缺的背景下，任正非依然坚持"技术创新"。

在资源配置中，任正非按照全球客户资源的分布以及研发人才的能力状况创建研发机构，不仅如此，还将研发活动以及机构分层，将基础研究和应用技术、产品技术分离开来，着眼于长期战略和未来优势，配置资源进行基础性研究。

在创新过程中，华为技术的开发一般都是从相对简单的领域做起，通过循序渐进的创新模式，逐步接近并攻克行业的核心技术。华为在"模仿到创新"的研发过程中，除自主研发外，华为还积极与其他跨国企业合作开发，先后和摩托罗拉、阿尔卡特等多家国外企业联合成立研发机构；2008年全球金融危机爆发后，华为抓住机会用较低代价向受到严重冲击的国外企业购买了一些技术。这些方式都提升了华为的技术水平。

华为这样脚踏实地的做法，避免了"好高骛远"地唱高调、提出"大跃进"的创新目标的风险。反观很多中国企业，由于盲目创新，最终因为彼岸过于遥远而不得不放弃旅程、放弃跬步千里的努力。

在华为，创新的领域也注重聚焦，集中精力专攻某些领域。在华为看来，四面出击无疑会分散有限的力量；只要认准了方向，就绝不投机、动摇和后退，盯住目标，锲而不舍。海思芯片的成功开发就是一个例证。

2009 年，在苹果手机的带领下，全球智能手机方兴未艾。此刻，华为开始涉足手机芯片研发，其后华为发布了 K3 智能手机芯片，支持微软的 WM① 系统。数据显示，华为 K3 是第一块国产智能手机芯片，在当时的山寨智能手机市场风靡一时。

如今的海思名扬天下，令其声名鹊起的是 K3V2 芯片。2012 年，华为发布当时体积最小、速度最快的手机处理器 K3V2 芯片，该芯片向三星、高通看齐，一举挤入高端手机芯片的行列。

在当时，该芯片一发布，就引起了竞争对手的高度警惕，三星为此还推迟了对搭载此款处理器 ASCEND D 系列的屏幕供应，导致该产品在发布的大半年后才上市，严重延误了上市的最佳时机。

经过一系列的积累，华为在芯片的研发领域达到一定高度。2014年 6 月 6 日，华为发布麒麟 920 系列产品，标志着海思麒麟芯片在手机高端芯片市场开始崛起，领先的八核工艺，全球率先实现 LTE Cat6 手机商用，支持峰值 300M 极速下载，性能、工艺、功耗、通信能力等各方面均达到业界领先水平。为了展现该芯片的最好性能，华为发布搭载其芯片的产品荣耀 6。其后，华为又发布了海思麒麟 950 系列芯片。

---

① Windows Mobile 的简称，是微软针对移动设备而开发的操作系统。

第3节 客户需求和技术创新双轮驱动

当"客户需求导向优先于技术导向"思想成为华为创新的指导思想后，华为在创新过程中开启了客户需求和技术创新双轮驱动模式。

2015年，任正非在变革战略预备队第三期誓师典礼上的讲话中谈道："现在我们是两个轮子在创新：一个是科学家的创新，他们关注技术，愿意怎么想就怎么想，但是他们不能左右应用。技术是否要投入使用，什么时候投入使用，我们要靠另一个轮子 Marketing（市场营销）。Marketing不断地在听客户的声音，包括今天的需求，明天的需求，未来战略的需求，才能确定我们掌握的技术该怎么用，以及投入市场的准确时间。"

在任正非看来，客户需求是技术创新的基础，只有满足于客户需求的创新才是有价值的创新。因此，客户需求和技术创新双轮驱动的基础，还是满足客户需求。

基于客户的持续创新

纵观倒下的世界级企业，倘若说这些企业缺乏技术创新，那是不客观的，只不过，这些企业的创新没有"以客户为中心"。不管是摩托罗拉、柯达，还是诺基亚等，它们都是非常迷恋技术的，只不过由于自身的官僚体系，导致了自己的创新政策与客户越走越远。

为了吸取这些企业的教训，在创新时，华为坚持基于客户的持续创新。在通信领域的技术和服务发生翻天覆地变化的今天，如何引领未来无线通信尖端技术的发展这一问题就摆在华为面前，这问题也是业内各个企业关注的重要问题。

为了支撑无线业务的持续增长，华为开启了专利和标准两种模式的竞争。在任正非看来，专利和标准是华为基于客户技术创新的一个载体，同时也是通信产业最高层次的战略竞争，是一个企业核心竞争力的具体体现，这两种模式竞争决定着通信产业的发展方向乃至话语权。当5G 时代来临时，华为的 5G 标准被采纳，这可能是一个让中国新兴强者寻求超越的时代。

公开资料显示，目前，华为在中国、美国、欧洲等国家和地区申请的专利超过 6 万件。在无线通信领域国际标准中拥有 2000 多件基本专利；LTE（长期演进）领域有超过 800 件基本专利，占全球该领域的15%，位列全球第一；UMTS（通用移动通信系统）领域拥有基本专利占全球总数的 6%；GSM（全球移动通信系统）领域拥有基本专利占全球总数的 3%。[①]

尽管取得如此好的专利业绩，但是华为始终以围绕客户需求的持续创新为基础。当然，正是这样的创新思想，促使华为创造了许多 LTE行业的标准和架构，引领了一个又一个技术潮流。

---

① 杨艳秋．华为：用不断创新为客户创造价值 [J]．中国品牌，2014（2）．

　　华为在创新时并不提倡一个空泛的概念，基于客户的持续创新，就必须要创造利润。利润哪里来？只有客户才能创造利润。因此，不管是产品的核心技术，还是组织机构的创新，必须以客户为导向。只有满足用户的需求，实现技术商品化，才能为客户创造价值。

　　根据《中国品牌》提供的数据，在过去三年中，华为有466项LTE核心专利提案获得通过，占比20%多，为业界领先，显著改变了专利版图，展示了强大的标准与概念领导能力，标志着在3GPP（第三代合作伙伴计划）的系统架构和网络设备技术研究和标准制定中，华为正主导着LTE、LTE-A、EPC（4G核心网络）标准的制定和发展。华为还在100多家各种标准组织中担任主席、副主席、董事、各子工作组组长、报告人、技术编辑等至少90个职务。华为在这个时代将实现从跟随者到领跑者的华丽转身，问鼎天下的雄心已不可遏制。①

　　苹果同样重视以客户为中心的创新。尽管苹果产品品类很少，但是却赢得顾客的青睐，而且苹果所处的产品品类中，其竞争都较为激烈。

　　研究发现，苹果参与竞争的行业包括：（1）个人电脑行业（Macintosh系列电脑与相关软件产品）；（2）消费电子产业（iPod音乐播放器等产品）；（3）电子音乐发行产业（iTunes音乐商店软件）；（4）智能手机市场（苹果iPhone手机）；（5）杂志、书籍、游戏及应用发布产业（苹果iPhone手机与iPad平板电脑设备应用商店）；（6）广告业务（苹果还通过其应用业务，在广告市场中占据了重要的位置，与谷歌进行竞争）。

　　史蒂夫·乔布斯为此还把苹果公司称为世界上最大的"移动设备公

---

① 杨艳秋.华为：用不断创新为客户创造价值[J].中国品牌，2014（2）.

司"（苹果的移动业务收入比诺基亚、三星和索尼都要高）。

　　当然，史蒂夫·乔布斯敢于做出这样的评价，其依据是创业至今，苹果的产品战略都专注于创造与"电子枢纽"战略相一致的创造性产品与服务。苹果电脑则作为电子设备的电子枢纽发挥作用。这些电子设备包括苹果 iPod 音乐播放器、个人数字助理、手机、数字视频、数码相机，以及其他电子设备。[①]

　　苹果公司通过以客户体验为中心的非常周详的品牌战略，把苹果产品的影响力全面地显现出来。可见苹果公司的核心竞争力就是通过超凡的用户界面，提供超乎寻常的用户体验。而苹果公司的产品战略就建立在其核心竞争力之上，在这方面，苹果的 iTunes 音乐播放软件、带有触屏手势的 iPhone 手机和 iPad 平板电脑，以及苹果应用商店都扮演着重要的角色。[②]

　　为了提升用户的极致体验，苹果公司为此专门设计开发自己的芯片。2016 年 2 月 19 日，据科技网站苹果内幕（Apple Insider）报道，由于苹果近来更加开放，使得苹果 iOS 设备定制芯片团队的秘密被揭开了一角。

　　为了打造更好的 iPhone4 A4 芯片，苹果还自主开发了移动处理器。时任苹果硬件技术部门高级副总裁的乔尼·斯洛基在接受采访时说道："飞机即将起飞，我即时为它修建了跑道。"

　　在乔尼·斯洛基看来，打造出色的 A4 芯片是斯洛基团队必须完成的任务。事实上，研发 A 系列芯片也是该团队的主要任务，其任务之重难以想象。从新电池的新技术，到 Wi-Fi（无线网络技术）调制解调

---

① Marketing Minds. 苹果的品牌战略：做好客户体验 [J]. 世界经理人，2015（1）.
② 同上.

器在内的所有技术，都在该团队的工作范围之内。

研究发现，苹果推出移动芯片可以追溯到 2007 年，由于采用多家厂商的元器件，使得第一代 iPhone 手机存在诸多的技术性限制。

为了更好地造就极致的产品，乔尼·斯洛基回忆说道："时任公司首席执行官的史蒂夫·乔布斯认为，苹果要真正实现差异化竞争，推出真正独特和出色的功能，唯一的途径是拥有自主芯片。手机厂商必须控制和拥有自己的芯片。"

史蒂夫·乔布斯的做法，证明了其远见。为了打造苹果自己的芯片，时任苹果硬件产品掌门的鲍勃·曼斯菲尔德把乔尼·斯洛基从英特尔公司高薪挖来，负责组建处理器团队。

如今的乔尼·斯洛基大显身手，成为苹果移动雄心的中枢，同时也在开发过程的几乎所有方面——从工业设计到软件，都占有一席之地。

乔尼·斯洛基在接受媒体采访时透露，在硅谷，苹果公司设有数家没有任何标记的秘密实验室。在一些实验室中，工程师把研发的新芯片用于苹果产品上，旨在对新芯片设计进行压力测试，同时还能发现潜在的不足点；在其他一些实验室中，软件团队对新一代芯片进行测试，同时把测试的结果上传至数据中心。

苹果公司这样的战略思维，彰显出苹果公司对于打造极致产品的决心。不过，乔尼·斯洛基认为，在打造极致产品时，仅靠砸钱是永远不够的。

当媒体记者问及团队预算，乔尼·斯洛基坦言："我们的预算相当紧张。我认为，即使面临资金、工具或资源的制约，工程师也会竭尽全力。如果因有过多资金而放松对自己的要求，这是错误的心态。"

"华为的自主创新是站在巨人的肩膀上，基于客户需求的开放式创新"

马云倡导的无人超市吸引了无数中国人的目光，然而，早在 2011 年，华为就已经开始自己的数字化战略创新了。

在物流方面，华为启动了数字化平台。35 个工作人员就可以操作偌大的华为深圳物流中心。这些工作人员主要负责贴条形码和抽查产品质量。

当迈过物流中心右端的一道红外线测试门，就意味到了"无人区"库房了。产品高度、重量以及条形码经过红外线测试都合格后，自动传输带将其带入库房，其后由机器分门别类地码放在各自应在的货架里，最终按照先进先出的原则被送出库房。

这样的数字化物流，其自动化程度和远程射频技术相当高。在华为上海研究所展厅里的高端产品，其数字化技术一样不低。

在华为上海研究所的展厅里，华为工程师手里拿着一部华为生产的 MediaPad 平板电脑为前来采访的《经济日报》记者黄鑫讲解道："展区里的图片、视频等都要通过这个来控制。"

在上海研究所展厅里，主要展示华为无线产品，许多前沿的华为无线领域技术在此展厅里无处不在。

当《经济日报》记者黄鑫来到一处闪着红点的电子地图前，华为工程师介绍道："这是交通地图。以前，运营商的工程师经常要带着机器去路测，看各个地方的信号如何，既辛苦也不准确，现在我们推出这种交通地图，可以通过基站来自动获取周围的信号信息，目前国内的运营商都在用这个产品。"

据华为工程师介绍，移动宽带解决方案 Single RAN 是业内领先的家庭用网关设备，仅仅一套就可以支持 200 万用户同时看高清电影。当然，该设备的每一项技术都包含了迎合客户需求而定制的因素。

时任华为技术有限公司副总裁、首席法务官宋柳平说道："华为的自主创新是站在巨人的肩膀上，基于客户需求的开放式创新。"

早在 2008 年，华为终结了飞利浦长达十年之久的"霸主"垄断地位，一举成为世界专利申请数量（非核准）年度最多的公司。

这离不开华为巨额的研发投入。事实上，由于华为注重研发，长期研发投入是必然的，甚至将每年不少于 10% 的销售收入投入研发，将研发经费的 10% 投入新技术预研，持续构建产品和解决方案的竞争优势。

基于此，在创新上，华为更强调企业的创新必须以满足客户需求为前提。华为曾在 NGN（下一代网络）市场上过分强调单纯的技术指标而遭到冷遇。华为创始人任正非痛定思痛，及时调整追赶，以客户为中心，认真倾听客户需求，经过不懈努力和改进，终于重新赢得了客户信任，承建了世界上最大的 NGN——中国移动 T 网等项目。如今，华为该项产品系列在全球市场上占有率达 32%，处在第一位。

正因为以客户为导向的创新，在展厅的蓝色大地球仪上，华为的八片花瓣 LOGO（标志）在地球仪上遍地开花。

研发管理规范了华为的技术创新流程

对于任何一家企业来说，完善的研发管理是指导企业创新的一个重要举措，这样的理论指导也同样适用于华为。

　　为此，任正非多次强调，研发管理规范了华为的技术创新流程，保证了"以客户需求为导向"的技术创新，让华为的技术创新做到在准确理解客户需求之后，再将客户的需求准确传递，然后根据市场需求，准确进行创新取舍评判，并且保证了人力、能力的全面支持。[①]

　　这样的总结看起来似乎很容易，但是做起来却异常艰难。究其原因，对于任何企业来说，打造完善的研发管理体系，不是单凭一腔热血就能一蹴而就的，必须是建立在持久的投入，以及包容的基础之上的。

　　1998 年，由于华为交换机用户板设计不合理，直接导致对全网 100 多万块用户板进行整改；2000 年，又由于华为光网络设备的电源问题，华为从网上回收、替换了 20 多万块电路板，直接造成的经济损失就高达十几亿元人民币……所有这些错误都会导致系统的设计和研发全部推倒重来，之前的努力付诸东流。

　　华为高层因此下定决心，完善华为的研发管理体系。1998 年，华为与 IBM 合作的名为"IT 策略与规划"项目正式启动。该项目的内容是规划和设计华为未来三至五年需要开展的业务流程和所需的 IT 支持系统，包括集成产品开发、集成供应链、IT 系统重整和财务四统一等八个项目。

　　这样的改变，使华为从立项到开发，到将产品推向市场，再到量产的项目管理，都实现了公司范围内的跨部门协作。此举为华为在技术研发和产品上的成功打下了坚实的基础。

　　正因为创新，华为在与行业巨头企业的竞争中活了下来，而也正因为规范化流程管理，让华为的创新之路越走越远。

---

① 杨艳秋 . 华为：用不断创新为客户创造价值 [J]. 中国品牌，2014（02）.

为此，2012 年 4 月 12 日，任正非在华为品牌战略与宣传务虚会上告诫华为人：

我考虑的是怎么紧紧围绕以客户的需求（远期的、近期的）为中心形成我们的宣传主线。怎么把我们对这种需求的解决方案，做成的体验，在全球可以体验。我认为我们的战略宣传要坚决地以客户为中心。现在我们的宣传有一点文不对题，为什么呢？我们太科普化，太重视对政府、对领导的宣传，结果是客户 CTO（首席技术官）看不懂，政治家也看不懂。我们的宣传一定要让客户 CTO 看得懂，对政治家我们给他讲故事，让他能听得懂。

我们讲战略宣传要以客户为中心，就要真正搞清楚客户的痛点在哪里，我们怎么帮客户解决他们的实际问题。这次巴展（巴塞罗那世界移动通信展）我去看了爱立信的展台，爱立信只给客户讲客户的痛点，他们的咨询专家在客户来之前已研究过了要对客户讲哪一点，就把这一点给客户讲透，完了你愿意继续看就自己看。我们现在的展厅展览像接待小学生一样，让每个人都从头到尾看一遍，对每个人都从 ABC 讲起……我们整个展览系统不是以咨询专家的身份出现，我们是以讲解员的身份出现。我们就要直接切入、深层次地揭示客户的痛点是什么，然后讲我们的解决方案是什么。

我们也不需要宣传我们做慈善，不能用社会责任代替了我们公司的形象和主流，品牌战略要讲清楚我们的主流是什么。抗震救灾、资助教育……这些东西在《华为人报》或外部媒体上发个花絮就可以了，不为客户服务的就是花絮，不说更好。观音说过什么吗？你亲自听见过吗？难道观音不慈善了吗？

我们未来以客户为中心，也不再是以单一的客户为中心了。各模块的宣传各具特色，不一定要协同、统一、僵化。

在任正非看来，"品牌的核心是诚信，是我们为客户提供的质量、服务与竞争力的提升。要紧紧围绕以客户为中心形成我们的宣传主线。"因此，任正非在接受媒体采访时说道：

其实我们总结的方法来自于中国五千年的文明，也来自共产党文化。五千年文明讲"童叟无欺"，就是以客户为中心；共产党讲"为人民服务"，也是以客户为中心。我们为客户服务，我想赚你的钱，就要为你服务好。客户是送钱给你的，送你钱的人你为什么不对他好呢？其实我们就这点价值，没有其他东西。

时代变化太快，流程管理都是僵化的，要跟上时代变化。找到一种模式，普适是不可能的。华为实现流程化后，就像一条蛇，蛇头不断随需求摆动，身子每个关节都用流程连接好了。蛇头转过来后，组织管理就能跟得上变化；如果没有流程化，蛇头转过去，后面就断了，为了修复这个断节，成本会很高。流程化就是简化管理，简化服务与成本。

我们是为客户服务，为客户奋斗，去赚客户口袋里的钱。所以华为没有独特的文化，没有超越中国五千年的基础文化。将这种文化精神付诸实施，比如"艰苦奋斗""冲锋在前""不让雷锋穿破袜子"等。

大量事实证明，在华为的市场布局中，赢得客户认可的不仅是技术，更是以客户为中心的战略。因此，华为被业界称之为"狼"，即使像爱立信、思科这样的对手，也畏惧华为几分。

当然，华为之所以能够击败跨国公司，一个最为关键的因素就是任正非所倡导的以客户为中心的强烈的客户意识。在华为的企业文化中，始终强调"以客户为中心"："为客户服务是华为存在的唯一理由，客户需求是华为发展的原动力；我们坚持以客户为中心，快速响应客户需求，持续为客户创造长期价值进而成就客户；为客户提供有效服务，是我们工作的方向和价值评价的标尺，成就客户就是成就我们自己。"

在任正非看来，华为的文化就是为客户服务，只有真正地为客户服务了，才能赢得客户的认可和支持，不管是组织变革，还是创新都是如此。

第 **3** 章

华为的创新无处不在

CHAPTER 3

　　核心竞争力对一个企业来讲是多方面的，管理的创新对高科技企业来说，比技术创新更重要。华为在发展中还存在很多要解决的问题，我们与西方公司最大的差距在于管理。四年前（2010 年）华为公司提出与国际接轨的管理目标，同时请来西方顾问在研发、生产、财务、人力资源等方面开展长期合作，在企业的职业化、制度化发展中取得进步，企业的核心竞争力得到提升，企业内部管理开始走向规范化运作。

——华为创始人 任正非

第 1 节　技术创新

华为为了技术创新，不仅投入巨额的研发费用，还在全球建立了 16 个研发中心。2011 年，华为又成立了面向基础科学研究的 2012 实验室。不仅如此，华为非常注重数学，而且数学为华为的研发做出了重大贡献。

早在十多年前，任正非就有明确认知："中国人擅长数理逻辑，数学思维能力很强，这跟中国人的哲学有关系，中国哲学是模糊哲学——儒、道基础上的模糊哲学。缺乏形而上学的思辨传统，太多辩证法。基于这一点，华为在材料学研究、物理领域尽量少地投入，但在数学研究方面的投入是巨大的。"

公开资料显示，华为的俄罗斯研究所和法国研究所，主要从事数学研究。众所周知，俄罗斯人在数学运算方面的能力超强。这些机构为华为的 2G、3G 研究做出重大的贡献。

华为技术创新的动力机制

所谓技术创新动力，是指企业的一种连续的技术创新过程。从这个定义不难看出，技术创新和技术变化往往影响到一家企业经营战略的制定。

通常的技术创新的动力机制，包括内部动力和外部动力两种。内部动力主要来自具有创新意识的企业家、企业技术创新能力、创新型企业文化；外部动力主要由科技推动、市场拉动、政府推动构成。

（1）技术创新的内部动力

研究发现，企业技术创新的内部动力主要有三个方面：

①**创新主体**。华为作为技术创新的主体，坚持在技术创新时，必须拥有自主决策权，这是有效组织创新的关键，否则，一旦华为没有主动创新的动力，就很难通过创新获得好处。因此，对于任何一家企业来说，只有企业作为技术创新的主体，才能够拥有较为强烈的创新意识，甚至更有动力来不断地开展推动创新的实践。

②**内部创新能力**。对于任何一家企业来说，技术创新能力是企业核心竞争力的有效体现。在创新实践的过程中，企业只有充分地利用自身拥有的各种资源，才有可能获得创新收益的能力。基于此，当企业要想引领潮头，就必须强化企业自身的技术创新。理由有如下几个：

第一，企业创新必须建立在企业经营者的基础之上，因为没有企业经营者的支持，企业创新是很难展开的；第二，创新需要精神指导力量，因为企业家的创新精神和企业群体的创新意识密不可分；第三，企业创新必须建立在足够研发投入的基础之上；第四，企业创新，离不开一支高素质的技术研发人员队伍。

③**创新利益的激励**。一般而言，技术创新利益往往是企业通过技术创新所能够获得的各方面满足，它是企业利益的重要组成部分。企业经

营者通常会对创新利益的预期作出判断，当创新成功后，巨大的利益无疑会激励企业继续创新。

（2）技术创新的外部动力

华为作为一家民营企业，自负盈亏，在激烈的市场竞争下，只有不断的技术创新，才是实现利润最大化的唯一有效途径。因此，当面对外部竞争时，其外部创新的动力也很强。

所谓外部创新动力，是指来自企业之外的自然环境、社会环境的激励和约束构成的创新动力。华为总部位于中国经济特区深圳，其市场经济成熟并有高端的网络技术应用环境和氛围，且适逢中国政府大力提倡建设创新型国家之际，华为得到了政府的资助和优惠政策。深圳市为华为提供了高新技术企业应享受的财政、税收、土地等优惠政策，提供了宽松的外部环境技术。正是由于内外动力的相互作用，才造就了今天的华为。因此，企业技术创新的外部动力主要有以下几个：

①**市场需求**。众所周知，对于企业来讲，技术创新不仅是满足市场需求的一个基本手段，同时也是拉动市场需求的重要力量。

美国麻省理工学院的马奎斯等人研究了 567 项不同的技术创新个案后发现，其中 75% 的创新活动是以市场需求为出发点的，只有 20% 是由技术本身的发展所推动的。

马奎斯因此得出一个结论——对创新需求的认识要比对技术能力的认识更重要，市场需求应是激励和吸引企业技术创新活动的重要动力源泉。

②**市场竞争**。对于任何一家企业来说，技术创新都是赢得竞争优势的关键所在。为了获取更大的竞争优势，企业经营者无疑会驱使自己进

行技术创新。无论是从短期还是长远来看，竞争行为更多地表现为技术的竞争，竞争是市场机制激发技术创新行为的最重要的手段。

③**政府**。创新由于具有非独占、高风险、高投入三个特点，因此，因为市场引发的创新，包括技术和产品本身的创新不一定是当时最优水平的创新。为了减少这种自然引发创新与市场最优水平的差距，政府一方面可以对创新行为进行保护；另一方面可以采用政策调控等手段对创新行为进行激励。政府往往通过开展各种教育活动和采取优惠政策引导企业的技术创新活动。

反观华为的创业史不难发现，当年华为以代理产品起家，其后"孤注一掷"，投入自主创新，初始的创新动力完全是为了能够"活下去"。

20 世纪 90 年代初，华为费了很大的力气，把自己代理的产品成功地推向市场，当香港公司觉察到市场局面已经打开时，竟然收回代理权。在这生死存亡的关键时刻，作为一家仅仅成立三年的公司来说，无疑是生死抉择。基于此，任正非决定将代理销售获得的微薄利润投入到程控交换机的自主开发上，这为华为找到一条生路，也给今天华为的基业长青和永续经营打下坚实的基础。

经过三年的艰苦攻关，华为研发的程控交换机，拥有独有的技术。在研发时，华为交换机选择了光纤作为模块连接的手段，极大地满足了农村对防雷、功耗、远端模块的特殊要求。让竞争者没有想到的是，正是因为这样一个小小的颠覆性技术创新，为华为交换机的"农村包围城市"战略开启了新征程。

当华为交换机迅速被三四线城市市场接受后，华为创始人任正非也因此看到了技术创新自身的巨大活力。从此，华为在自主技术创新方面，可谓是重金投入，成果颇丰。

在华为有关文件中，明确将"广泛吸收世界电子信息领域的最新研究成果，虚心向国内外优秀企业学习，在独立自主的基础上，开放合作地发展领先的核心技术体系，用我们卓越的产品自立于世界通信列强之林"确定为企业的核心价值观，同时将"发展拥有自主知识产权的世界领先的电子和信息技术支撑体系"作为企业的基本目标。

比如，华为在 3G 产品研发时，就很注重自主技术创新，即使在 3G 技术的发源地欧美，华为的技术创新也获得商业应用，甚至还得到对华为 3G 系统技术领先性的全面认可。为此，华为人非常自信地说道："华为公司在欧美市场上的突破，依靠的不是低价策略，而是以自有技术为核心的竞争实力，我们的产品在技术测试中获得了好几项第一。"

大量的事实证明，在海外市场的成功，正是华为技术创新成果的全面体现。

华为技术创新的运行机制

在华为的技术创新方面，其运行机制有如下几个：

（1）创新决策：从跟踪开发到领先开发

客观地讲，对于任何一家企业来说，技术创新决策是保证其创新成功的一个关键所在，也是技术创新行为中一个非常重要的环节，作为企业经营者，其技术创新决策的正确与否，都直接关乎技术创新的成败。

在与西方有 100 多年历史的跨国企业的竞争中，华为的技术创新已从当初的跟踪开发到如今的领先开发。

的确，在华为的早期发展阶段，由于是一个初学者，其技术研发是以跟踪开发为主，以学习、借鉴跨国企业已经成熟的技术作为突破点，这样做不仅可以节约产品成本，而且还提高了自身的核心竞争力。

当华为积累了一定的核心技术，在一些关键技术方面拉近了与国际先进水平的差距后，跨国企业无疑把华为视为直接的竞争对手，封锁和打压华为就成为跨国企业的一项重要任务。在这样的背景下，跟踪型的研发之路自然是走不通的。扬帆出海的华为，要想在与跨国企业的竞争中拥有自己的核心优势，领先型的研发之路就成了华为的必走之路。

众所周知，谁能够掌握核心技术，谁就可以垄断高附加值的高科技产品。在之前，欧美跨国企业一直垄断着这些高附加值的核心技术。为了击溃竞争者，华为不得不选择从高起点开始研发，瞄准业内尖端、前沿、最有市场的产品，争取与跨国企业处在同一起跑线上。

在研发 3G 时，华为倾尽全力，还曾招致过"战略失误"的嘲笑，但是华为始终认定："传统产品的市场格局很难改变，我们只能在新增市场上争夺一席之地。"为此，华为花费 10 年，累计投入超过 50 亿元人民币，仅研发人员就近 6000 人，在美国、瑞典、印度和俄罗斯等国设立了多个研发中心。华为大手笔的投入终于获得了可观的回报。

资料显示，华为已拥有 2700 多项 3G 专利，其中 94% 为发明专利。由于掌握了核心技术，使华为用很短的时间，在荷兰、美国、阿联酋、马来西亚等地部署了 11 个 3G 商用网络，2005 年 4 月底入选英国电信公司未来五年优先供应商，第一次挤入了由爱立信、思科、西门子等七家跨国巨头组成的顶级供应商行列。①

---

① 道客巴巴 . 华为公司的技术创新战略报告 [EB/OL].2017.http://www.doc88.com/p-994352686614. html.

（2）创新研究与发展（R&D）

在技术创新中，企业经营者往往把创新的研究与发展战略作为企业技术创新决策的一个必要参考依据。

一般地，企业技术创新的研究与发展，通常是以自身的研究与开发为基础，借助外部的成果引进与技术合作，从开发研究与设计，到样品、样机的研制，直至通过中间试验的一整套战术方案的制定过程。

有效的研发管理模式，是华为保证技术创新能力的关键。1999 年初，华为与 IBM 合作，全面采用世界领先企业的产品开发理念，建立了科学高效的 IPD 流程（集成产品开发流程）。

IPD 主要是适用于研发管理，华为从项目形成到最终研发都严格按照该管理系统进行，以提高研发效率。IPD 是关于产品开发（从产品概念产生到产品发布的全过程）的一种理念和方法，它强调以市场和客户需求作为产品开发的驱动力，在产品设计中就构建产品质量、成本、可制造性和可服务性等方面的优势。更为重要的是，IPD 将产品开发作为一项投资进行管理。在产品开发的每一个重要阶段，都从商业的角度而不只是从技术的角度进行评估，以确保产品投资回报的实现或尽可能减少投资失败所造成的损失。[①]

华为从 1998 年启动 IPD 项目，随着华为规模的扩大以及管理组织变革产生的需求变化，华为的 IPD 研发管理体系同样也在变革之中，华为开始了长达近 20 年的持续优化之路，有力地支撑了华为的高效增长。

当华为实施 IPD 流程后，其研发与创新绩效出现了显著的改善：产品投入市场时间缩短 40% ~ 60%；产品开发浪费减少 50% ~ 80%；产

① 李信忠. 华为非常道 [M]. 北京：机械工业出版社，2015.

品开发生产效率提高 25% ～ 30%；新产品收益（占全部收益百分比）增加 100%。

例如，华为在研发 CDMA（码分多址）时，其开发进程就严格按照 IPD 流程进行。该流程使得华为在 CDMAlx 产品的开发、测试、生产和市场发布等方面都有条不紊地进行。

据不完全统计，华为在实施 IPD 战略时，其整体研发成本降低了 40%。时任华为北京研究所路由器产品线总监的吴钦明介绍，他们在开发路由器时，通过实施 IPD 战略，把最前端的产品发展趋势直接固化在后端产品开发计划中，并保障在开发路由器时"一板"成功，大大降低了废品率，并缩短产品开发周期。

当然，IPD 在给华为研发注入活力时，也改变了华为研发人员原有的激励方式。在华为高人力密度研发阶段，当时作为华为基层的研发人员，都是按照统一工资制。

当华为实施 IPD 流程后，不仅要求保持高度的信息沟通，同时还要求对项目开发的进程做更为详细的记录。这就意味着，当华为研发体系变革后，基础研发人员的个人薪金，就不能按照以前的统一工资制，而是将项目小组的研发成果和个人贡献挂钩，而中层研发经理的薪金则按照项目研发制度和客户满意度进行考评。

正是因为如此，华为 IPD 流程的实施，激发了华为员工的积极性，其创新成果则更快、更高质量地转化为经得起市场考验的产品。

①自身的高投入的研究与开发：包括资金与研究人员的投入

不可否认的是，对于任何一个企业来说，自主创新都是资金密集型的投资活动，离开资金投入，自主创新就成为空中楼阁。基于此，华为有关文件明确规定："我们保证按销售额的 10% 拨付研发经费，有必要且可能时还将加大拨付的比例。"

查阅华为的相关研发投入数据发现，华为每年的研发投入不仅比很多国内企业不足 1% 的比例高出许多，有些年份甚至比一些跨国公司还要高。

根据美国高德纳公司统计的数据显示，在电信业最不景气的 2002 年，华为投入研发的资金占总营业额的比例为 17%，高于当时的诺基亚、阿尔卡特和思科。

华为的高投入还体现在对研发人员的投入上，近 30000 名员工中，有 47% 是研发人员，达 14000 多人，其中有 3000 多名优秀的外籍研发人员。

②外部的成果引用与技术合作

华为人在坚持自主研发时，同时也坚持外部的成果引用与技术合作。华为人习惯性地把跨国企业竞争对手视为"友商"。

华为人是这样解释的，称之为"友商"，这并不是什么客套，而是源自于在竞争中合作的理念。在坚持以我为主、自主研发的前提下，华为通过合资、合作等方式，与国际一流企业和科研机构建立了广泛的联系。

华为和英特尔联合向中国运营商及其他国家运营商推出 3G 混合组网解决方案；华为和西门子共同组建一家合资公司，专注于 3G 技术及产品的开发、生产、销售和服务；华为推出的 3G 手机就是与英飞凌、高通等知名厂商合作研发的产物；华为公司还与高通公司形成了战略伙伴关系，双方在解决方案、业务、系统芯片、终端芯片方面开展了紧密合作……[1]

---

[1] 项立刚 .3G 时代混合组网值得关注 [J]. 通信世界，2005（15）.

在开展技术合作时，华为也较为灵活。有的核心技术，如天线是设在俄罗斯的研究所设计的，芯片是设在中国的研究所开发的，而工艺是由德国工程师设计的，软件则是由设在印度的研究所开发的。可以说是集世界最先进技术之大成。

对于这样的研发策略，华为有关负责人说道："如果不是这样的开放研发思路，我们在技术上很难短期内实现突破和跨越。"

（3）创新的实现机制

对于任何一家企业来说，技术创新往往是通过积极的销售活动和售后服务实现的。企业通过投放创新产品，迅速地进入某个市场，占有、巩固并不断地扩大该市场，以获得经济效益。

当然，创新的实现机制必须建立在健全生产、销售、服务机构的基础上。比如华为，在深圳设市场总部，下设市场策划、交换系统、传输系统、接入网、多媒体、电源、终端、数据通信、海外市场、营销工程、用户服务中心等十多个部门，统筹国内外市场拓展工作。在全国设立了33个市场销售办事处，负责投标、竞标和向用户进行推广工作，以拓展市场。设35个用户服务中心，为全国各地用户提供及时快速的售后服务和三级技术支持。为了快速占领市场，把成熟的产品转向各地生产，成立了四川华为通信有限公司、天津华为通信有限公司、北京北方华为通信有限公司，与国内177个电信局和专网共同参股组建华为通信股份有限公司，与俄罗斯贝托公司合资成立贝托华为合资公司。①

---

① 徐丹.华为公司市场导向的自主技术创新战略研究[D].上海交通大学，2009.

华为技术创新的激励机制

在激励管理中，企业管理者一项重要的工作就是通过一些激励措施，让员工的动机更加强烈，从而释放出潜在的内驱力，为实现企业目标而努力地工作。

从管理学角度看，激励机制是指激发、鼓励、调动员工的工作热情和积极性。在这里需要提醒企业管理者的是，激发就是通过某些刺激使员工努力工作。从激励的诱因和强化的观点来分析，激励是将外部适当的刺激转化为内部心理的动力，有效地增强员工的意志和行为。

从心理学角度看，激励机制是指员工的动机系统被激发后，处于一种活跃的状态，对行为有着强大的内驱力，促使员工为期望和目标而努力。对此，美国管理学家贝雷尔森和斯坦尼尔指出："一切内心要争取的条件、希望、愿望、动力等都构成了对人的激励，它是人类活动的一种内心状态。"

在贝雷尔森和斯坦尼尔看来，激励对员工的行为产生激发、推动、加强的作用，同时指导和引导员工的行为达到期望的目标。美国哈佛大学教授威廉·詹姆斯通过对员工的激励研究发现，实行计件工资的员工，其能力只发挥 20% ~ 30% 就能保住饭碗，而在受到充分激励时，其能力可发挥至 80% ~ 90%，其中 50% ~ 60% 的差距是激励的作用所致。

为了激发员工的活力，华为从选拔、招聘创新型人才着手，以优厚的待遇吸引优秀科技人员加盟，获取对技术创新极为重要的人才资源。

华为在招聘员工时，主要通过两种渠道：第一，社会招聘；第二，校园招聘。华为每年通过校园招聘，聘用海量的高校毕业生。

不仅如此，为了提高研发人员的水平，华为还采取多种方式培训，甚至还形成了自身独具特色的培训体系，拥有自己的培训学校和培训基地。在华为，所有员工都必须经过培训，只有培训合格的员工才可以上岗。华为还创建了自己的网上学校，可以在线为分布在全世界各个地方的华为人进行培训。

在华为，仅每年为员工支付的培训费用就高达数亿元。当然，作为军人出身的任正非深知，不仅要培训，还要注意员工的实践磨炼。鼓励员工到一线特别是海外一线工作，奖励向一线倾斜；选拔在一线和海外艰苦地区工作的员工进入干部后备队伍培养。

这样的人才培养为华为积累大量的实干型人才，同时也为华为的技术创新有效性打下坚实的基础。众所周知，任何技术创新的目的都是产生有市场竞争力的技术和产品。

需求是技术创新之母，技术创新必须符合用户需要，创新产品必须具有市场价值。这就要求创新者必须有较强的市场洞察力，超前把握市场与用户的潜在需求，这是技术创新成功的关键。

因此，华为把客户满意度作为考核从总裁到各级干部的一个重要指标。任正非在华为多次讲话中都强调客户需求导向和为客户服务蕴含在干部、员工招聘、选拔、培训教育和考核评价的整个过程，并固化到干部、员工选拔培养的素质模型，固化到招聘面试的模板中。

华为注重以薪酬待遇激励人才。华为作为中国当今高科技企业的佼佼者，是中国员工收入最高的公司之一，在外界的传说中，在华为工作五年以上的中层干部可拥有支付一艘游轮的实力。华为的高薪使得优秀的人才聚集华为，另外一方面也激励了人才积极性。近来华为在国内各大名牌大学招聘到大量优秀毕业生，完全归于"撒手锏"——起薪点高，也就是华为所说的有竞争力的薪酬。

在《华为基本法》中规定："按劳分配的依据是：能力、责任、贡献和工作态度。按劳分配要充分拉开差距，分配曲线要保持连续和不出现拐点。股权分配的依据是：可持续性贡献、突出才能、品德和所承担的风险。股权分配要向核心层和中坚层倾斜，股权结构要保持动态合理性。按劳分配与按资分配的比例要适当，分配数量和分配比例的增减应以公司的可持续发展为原则。"

华为员工的薪酬福利形式主要有如下几种：工资、奖金、安全退休金、医疗保障、股权、红利。

为了激励员工的创新动力，任正非在内部讲话中说道："我们崇尚雷锋、焦裕禄精神，并在公司的价值评价及价值分配体系中体现，绝不让雷锋、焦裕禄们吃亏，奉献者定当得到合理的回报。"

不仅如此，华为还注重对员工的精神激励，华为成立了一个荣誉部，专门负责对员工进行考核、评奖。华为的荣誉奖主要有两个特点：第一，华为员工很多，所以员工很容易在毫无察觉的情况下得知自己获得了公司的某种奖励；第二，物质激励和精神激励紧密结合起来。

不仅如此，华为非常重视员工的职业发展，这为技术创新人才的职业发展提供了畅通的道路。在华为，员工职业发展通道有两条：一是向管理者走；一是向技术专家走。同等任职的管理者和技术专家能享受同等待遇。

第 2 节 "工者有其股"的制度创新

公开资料显示，作为世界 500 强的华为，其股东实际有两个：一个是华为公司工会，代表 65596 名员工，持股 98.99%；另一个是任正非，持股 1.01%。

众所周知，职工持股会并不具备法人资格，不能作为股份有限公司的发起人。这意味着，持有股份的员工不同于公司法上的股东，因为从 2001 年起，他们持有的华为的股份就改为"虚拟受限股"。

所谓"虚拟受限股"，简单地说就是华为员工持股实际上是一种虚拟股，员工并非真实意义上的股东。持股的华为员工，并不是华为直接的股东，只享有分红权和股份增值权。尽管如此，华为大规模员工持股，不仅是华为公司的治理模式，更是一种创新，除了员工激励，这也是华为的内部融资行为。

华为员工持股的三个阶段

华为公司成立于 1987 年，当时注册资本两万元，任正非只有 3000

多元。在《一江春水向东流》一文中，任正非回忆了华为员工持股制度的产生过程。任正非写道："我创建公司时设计了员工持股制度，通过利益分享，团结起员工。那时我还不懂期权制度，更不知道西方在这方面很发达……仅凭自己过去的人生挫折，感悟到要与员工分担责任，分享利益。"

在任正非看来，创建员工持股制度，实现员工持股，其目的还是为了更好地团结员工、更好地提升华为的竞争力，这就是华为员工持股计划演变的初衷。

不可否认的是，任正非这样做其实是一个摸着石头过河、与顶层设计相结合的过程。在这个过程中，华为员工持股经历了三个阶段。

第一阶段：1990 年——探索阶段。创业初期的任正非，为了提升华为的竞争优势，一种潜意识的、自发形成的分享意愿，已经成为他日后员工持股计划的雏形。

1990 年，华为第一次提出内部融资、员工持股的概念。在当时，任正非没有过多地想要制订制度，也没有借鉴世界跨国公司的员工持股计划。

任正非所提的员工持股在当时并不是国际意义上的员工持股计划（Employee Stock Ownership Plans，简称 ESOP），原因主要有两点：第一，任正非所提的员工内部持股，作为员工来说仅仅只有分红权，没有公司法上股东所享有的其他权利；第二，员工所持股份在退出公司时价格是按照购股之初的原始价格回购，员工也不享有股东对股票的溢价权。

第二阶段：1997 年——规范阶段。基本特征是工会代持。

第三阶段：2001 年——重新设计。在此阶段，虚拟受限股由创始人与工会共持。2001 年改为虚拟受限股以前，华为员工持股的基本做法是：凡是工作一年以上的员工均可以购买公司的股份；购买数量的多少取决于员工的级别（13—23级）、绩效、可持续贡献等，一般是公司在年底通知员工可以购买的股份数；员工以工资、年终奖金出资购买股份，资金不够的，公司协助贷款（"个人助业贷款"）；购买价格为每股一元，与公司净资产不挂钩。员工购买股份后的主要收益来自于公司分红，分红情况与公司效益挂钩。员工离职时，公司按照员工原来的购买价格即每股一元回购；除1995年和1996年公司曾给员工持股证明外，其他年份就不再给员工持股证明，但员工可以在公司查询并记录自己持股量的多少；工会（下面有持股委员会）代表员工管理持有的股份，是公司真正的股东，员工自身并没有公司法上股东完整的权利。[①]

2001年，华为才真正地实现了能够进入员工持股计划系列中的虚拟受限股，也就是说，如今的华为员工持股计划是从2001年真正开始的。在此阶段，任正非借鉴了世界500强企业员工持股计划的理念与实践，开启了员工持股计划顶层设计的引擎。华为员工持股计划包含几个关键词：一是虚拟的；二是华为的员工持股计划是饱和的，是按照职位评价，职位等级设定了上限；三是受限股，不交易、不转让、不继承。

华为员工持股方式非常具有中国特色。2001年底，在创始人任正非的强力推行下，华为公司实行员工持股改革：新员工不再派发长期不变一元一股的股票，而老员工的股票也逐渐转化为期股，即所谓的"虚拟受限股"。虚拟受限股（下称虚拟股），是华为投资控股有限公司工会授予员工的一种特殊股票。每年，华为根据员工的工作水平和对公司的贡献，决定其获得的股份数。员工按照公司当年净资产价格购买虚拟

---

① 张敬峰. 华为员工持股的做法与启示 [N]. 中国航空报，2013-07-18.

股。拥有虚拟股的员工，可以获得一定比例的分红，以及虚拟股对应的公司净资产增值部分，但没有所有权、表决权，也不能转让和出售。在员工离开企业时，股票只能由华为控股工会回购。[①]

在新方案中，虚拟股比原来的持股方式更为科学。华为规定：根据内部的评价体系，员工的虚拟股每年可兑现 25%，价格是最新的每股净资产价格。但是，对中高层的兑现额度则作了另外规定，只能每年兑现 10%，除非离职。并且在离开后，还要经历公司严格的六个月审核，确认不出现创业公司的产品与华为构成同业竞争、没有从华为内部挖过墙脚等条件中的任何一条后，方可全额兑现。[②]

华为员工持股模式的战略要义

在中国的标杆企业中，华为是一个较为独特的企业，特别是在激励员工方面，任正非的创新做法引领着中国企业的管理模式。

为了激励员工，任正非坚决不让华为上市，宁可选择把利润分享给员工，甚至把 98.99% 的华为股权开放地分派给员工。而作为创始人的任正非，仅仅只拥有公司 1.01% 的股权。除了不能表决、出售、拥有股票外，股东不仅可以享受因为华为高速增长带来的分红与股票增值的利润，同时还可以获得每年所赚取的净利。

如 2010 年，华为的净利润达到 238 亿元，当时配出了一股 2.98 元

---

① 张敬峰. 华为员工持股的做法与启示 [N]. 中国航空报，2013-07-18.
② 同上.

的股息。一名在华为工作 10 年、绩效优良的资深主管，配股高达 40 万股，那么当年他就能拿到 119.2 万元股息。这样的收入，甚至比许多跨国公司的高级经理人还要高一些。

正是任正非的"肯给"激活了华为人的工作热情。时任华为 LTE-TDD 产品线副总裁的邱恒说道："我们不像一般领薪水的打工仔，公司营运好不好，到了年底会非常感同身受，你拼命的程度，直接反映在薪资收入上。"

邱恒以自己为例，2009 年，由于次贷危机引发了全球金融海啸，世界经济的整体环境不佳，华为公司的成长幅度无疑不如以往。尽管邱恒的底薪没有变化，但是公司分红却因为公司成长幅度放缓而跟着缩水。隔年，华为的净利创下历史新高，邱恒的分红就超过前一年的一倍。

这等于是把华为公司的利益与员工的个人利益紧紧绑在一起。在华为，一个外派非洲的基础工程师如果能帮公司服务好客户，争取到一张订单，年终获得的配股额度、股利以及年终奖金总额，会比一个坐在办公室但绩效未达标的高级主管还要高。

研究发现，即使一个刚入华为公司的本科毕业生，其起薪就比一般的企业要高很多。通常，该新员工第一年的月薪为 9000 元，再加上年终奖金，其年薪至少在 15 万元以上。

当工作两到三年，员工就具备配股分红资格。在华为，有一种"1+1+1"的说法，具体就是，工资、奖金、分红的收入比例是相同的。随着年资与绩效增长，华为员工的分红与奖金将会大幅地超过基本工资。这样的做法即使在被誉为重视员工福利的欧美企业中，都十分罕见。华为这样做的目的还是为了让华为"活下去"。

"华为的成功归根到底是华为能吸引、凝聚、用好人才！"曾在华为工作七年的张利华这样评判华为的成功秘籍。

在张利华看来，任正非用员工持股（早期叫内部股票）的激励手段，将所有华为人才的"钱程"与华为的生存发展捆绑在一起，"一荣俱荣，一损俱损"。

如前所述，华为的内部股权计划最早始于 1990 年，完全出于任正非本人的分享意愿。1995 年 6 月，时任国家科技系统领导人的宋健视察华为时，对任正非说道："人是非常重要的，你们很团结。"

任正非说道："我们 1000 多人都很团结。"

宋健高度评价任正非："这就是政治，企业是应该由政治家来领导的。"

大量事实证明，中国企业从来不缺少优秀的管理者，但是缺少有效把他们组织起来去实现一番事业的领导者。

纵观华为，从当初只有 3 个人，到 2016 年底拥有近 18 万全球员工、年营收 5216 亿元人民币的民营跨国企业巨头，一个重要原因是任正非具有如政治家般广阔的胸襟和整合人才资源的能力，特别是任正非在1990 年建立的一种让所有参与企业建设的知识分子共享企业发展成果的激励机制——员工持股计划，有效地把知识分子的积极性调动了起来。

员工持股计划的目的有如下四个方面：第一，奖励为股东创造价值的人；第二，使股东的利益与员工的利益紧密结合，而不是形成在企业内部不同的利益集团和利益群体；第三，让员工分担公司风险；第四，让员工分享公司的成功。

在《华为基本法》中详细阐释了华为员工持股计划的宗旨："华为主张在顾客、员工与合作者之间结成利益共同体。努力探索按生产要素分配的内部动力机制。我们决不让雷锋吃亏，奉献者定当得到合理的回报。以客户为核心，以奋斗者为本，长期坚持艰苦奋斗。我们是用转化为资本这种形式，使劳动、知识以及企业家的管理和风险的累积贡献得到体现和报偿；利用股权的安排，形成公司的中坚力量和保持对公司的有效控制，使公司可持续成长；知识资本化与适应技术和社会变化的有活力的产权制度，是我们不断探索的方向；我们实行员工持股制度。一方面，普惠认同华为的模范员工，结成公司与员工的利益与命运共同体。另一方面，将不断地使最有责任心与才能的人进入公司的中坚层；我们实行按劳分配与按资分配相结合的分配方式。"

第 3 节　产品微创新

一位网友留言称："跟其他友商一味地拼配置不同，华为每次的发布会都会有一些小创新，如三防，红外，天际通，指纹，双眼，墨水屏，智灵键等。华为走得很谨慎，每次放一点，好点的、适用的就保留，不适用的放弃。就像一个战略高手，步步为营，又步步进逼。每次都不起眼，但慢慢地你就发现很难离开它了。华为确实是个长跑的高手，在慢慢吞吞的节奏中把对手拖垮。比如说三防，对普通用户来说，用处不是太大，可能一辈子都用不上，所以我不会因为有没有三防选一台手机。所以三防就没有在华为和荣耀系列中传承。"

在该网友看来，正是华为的微创新，赢得了消费者，赢得了市场。的确，在华为创新战略中，微创新一直是指导华为创新的一个重要战略思想。

"小改进"需要"大奖励"

当任正非前往日本考察日本企业时，在《北国之春》一文中高度肯定了日本的"小改进"文化。

在日本，很多企业非常重视改良。众所周知，日本商业世界里，成千上万的中小企业只凭借一项足够人性化的技术就可以保持比松下、索尼这些大公司还要高的利润率。比如，有家日本公司做注射器，它把针头做到极细，让患者感觉不到疼痛；有家公司做抽水马桶，能将上厕所的声音稀释到接近于无。

这些中小企业是如何把产品做到极致的？答案就是改良。这里的改良就是指慢慢地改进工艺，从而更好地制造更加贴近客户的产品。在第二期品管圈活动汇报暨颁奖大会上，任正非高度评价了这种"小改进，大奖励"的做法。任正非说道：

大家应该认识到，"小改进，大奖励"对我们华为公司来说，将是一个长远的政策，而不是一个短期的政策。

为什么呢？我们最近研讨了什么是企业的核心竞争力、什么是企业的创新和创业。创业，并非最早到公司的几个人才算创业，后来者就不算创业。创业是一个永恒的过程，创新也是一个永恒的过程，核心竞争力也是一个不断提升的过程。

大家可以想一想，发错货少一点，公司的核心竞争力不就提升一点了吗？订单处理速度提高30%，我们的整个业务运行速度不就提高30%了吗？这些都有利于核心竞争力的提升。对于我们这样一个公司，如果谁要来跟我谈一谈华为公司的战略，我都没有兴趣。为什么？因为华为公司今天的问题不是战略问题，而是怎样才能生存下去的问题。

我们在座的都很年轻，都是向日葵。但是，年轻的最大问题就是没有经验。公司发展很快，你既没有理论基础，又没有实践经验，华为公司怎么能搞得好？如果我们再鼓励"大家来提大建议呀，提战略决策呀"，那我看，华为公司肯定就是墙头上的芦苇，风一吹就倒，没有希望。

那么，怎么办呢？就是要坚持"小改进，大奖励"，为什么？它会提高你的本领，提高你的能力，提高你的管理技巧，你一辈子都会受益。

"小改进，大奖励"，但重要的是"小改进"，大家不要太关注大奖励。我们现在要推行任职资格考评体系，因此你的每一次"小改进"，都是向任职资格逼近了一大步，对你一生是大奖励，让你受用一辈子，它将给你永恒的前进动力。

我们坚持"小改进"，就能使我们身边的工作不断地优化、规范化、合理化。但是，在坚持"小改进"的进一步，如果我们不提出以核心竞争力的提升为总目标，那么我们的"小改进"就会误入歧途。比如说，我们现在要到北京去，我们可以从成都过去，也可以从上海过去，但是最短的行程应该是从武汉过去。如果我们不强调提升公司核心竞争力是永恒发展方向，我们的"小改进"改来改去，只顾自己改，就可能对周边没有产生积极的作用，改了半天，公司的整个核心竞争力并没有提升。那就是说，我们的"小改进"实际上是陷入了一场无明确大目标的游戏，而不是一个真正增创客户价值的活动。因此，在"小改进"过程中要不断瞄准提高企业核心竞争力这个大方向。当然，现在你们的每个 QCC（品管圈）活动目的都是在为了提高公司核心竞争力的，围绕着这一总目标的。"小改进，大奖励"将是我们华为公司在很长时间里要坚持的一个政策。①

在该讲话中，任正非认为，华为不仅需要坚持"小改进，大奖励"，而且还要把它作为长期坚持不懈的改良方针。应在小改进的基础上，不断归纳，综合分析，研究其与公司总体目标流程是否符合，与周边流程是否和谐，要简化、优化，再固化。这个流程是否先进，要以贡献率的提高来评价。

在华为的创新思想中，很少提及颠覆性创新，主要还是在强调微创新，所谓微创新，是指站在用户体验的角度改善其使用的体验感，对产品的功能和使用进行部分改进。

其实，微创新作为一种采用或者完善创新性产品模型、商业模式的方法，并不是今天才有，其由来已久。时任谷歌副总裁、创新工场创始人的李开复在接受美国"硅谷龙"创始人丽贝卡·范宁的采访时就提及过微创新。

当丽贝卡·范宁提到同质化产品及中国公司抄袭时，李开复解释说，这样的说法对于成功的中国互联网企业来说是不公平的，这些公司如果仅仅抄袭而不做其他任何改变将不可能成功。

翻阅资料发现，第一次使用微创新这个词的企业家是奇虎创始人周鸿祎。

在 2010 年中国互联网大会上，周鸿祎在演讲中称："用户体验的创新是决定互联网应用能否受欢迎的关键因素，这种创新叫'微创新'。"

---

① 任正非. 任正非在第二期品管圈活动汇报暨颁奖大会上的讲话，2010.

周鸿祎解释道，对于他的 360 团队而言，务实地对现有商业模式借鉴、提高产品功能性、美化用户界面都可以称作微创新。

周鸿祎解释称："你的产品可以不完美，但是只要能打动用户心里最甜的那个点，把一个问题解决好，有时候就是四两拨千斤，这种单点突破就叫'微创新'。尤其是对于小公司，因为大公司有拷贝有优势。对于这一点，创业者没有什么可抱怨的，这就是现状，唯一要抱怨的就是自己没有创新。要做出'微创新'，就要钻进用户的心里，把自己当成一个老大妈、大婶那样的普通用户去体验产品。模仿可以照猫画虎，但肯定抓不住用户体验的精髓。"

华为的微创新也无处不在。这与华为的发展有关。在创业初期，由于产品本身的质量问题，华为人就必须贴近客户，做好售后服务。媒体引用华为老员工的话——"守局"。

此处的局，就是指邮电局，如今指的是电信运营商。众所周知，当时设备随时可能会出问题，这就意味着华为那些年轻的研究人员、专家，十几个人在一台设备安装后，经常要尽可能守在偏远县、乡的邮电局（所）一个月，两个月。

由于白天设备在运行，只能晚上到机房检测和维护设备。这也为华为倡导微创新战略打下坚实的基础。我在撰写本书时，查找到一个很有意思的例子。

当年，华为把交换机销售给湖南某地，一旦到了冬天，许多设备就发生短路。为了解决这个问题，华为技术人员不得不把其中一台出故障的设备搬回深圳，研究该设备到底出了什么问题。

最后，技术人员发现，设备外壳上有类似猫或者老鼠撒的尿。于是，技术人员在该设备上撒一泡尿，电源一插发现没问题，又苦思冥想。

第二日，有技术人员突然说不对，昨天那个谁谁撒尿之前喝了水，人也年轻，找一个老一点的同事，几个小时别喝水，撒一泡尿再试试。果不其然，撒完尿，电源一插"嘣"一下断了。最终确定，尿里面所含的成分是断电的原因。

原来，湖南的冬天老鼠经常出没，留在交换机设备上的污渍肯定是老鼠尿，设备出问题是老鼠撒尿导致断电。当找到原因后，华为的工程师们就针对该具体问题，进行了产品改造，不久就解决了该问题。

对细微之处持续不断进行改善

上述案例在华为可谓举不胜举。不可否认的是，华为能够从一家小公司成长为让全球客户信赖的大企业和行业领导者，离不开 30 年中华为不间断的、大量的贴近客户的微创新。

一位华为老员工估计，30 年华为面向客户需求，产品微创新至少有数千个。华为公司数字营销部部长高先瑞曾撰文指出："与摧枯拉朽般的颠覆式创新不同，微创新并非大跨越式的、革命性的，而是围绕用户的细小需求和体验提升而开展的渐进式创新。微创新在工业发展史上其实是泛在的。正因为其切入点较小，成本相对较低，所以创新者可以快速出击，不断试错。但是，通过对细微之处持续不断进行改善积累到一定程度时就会发生质变，就会变成颠覆性创新。"

在高先瑞看来："在互联网行业，基于微创新开创新的商业模式，侵蚀乃至颠覆行业格局的例子比比皆是，比如新浪微博、腾讯 QQ、微信等社交媒体之于传统话音和短信业务，再比如 2013 年风起云涌的互联网金融产品和应用之于传统金融，这些创新无不围绕用户的消费需求心理而生，在很短的时间内即得到市场的追捧，对传统行业造成了极大的冲击。"

如前所述，赢得任正非认可的日本企业改良，同样也是坚持不断地进行微创新，改良自身的产品，与顾客需求与时俱进。日本著名管理学家今井正明撰文指出，欧美企业往往追求创新主导，即通过新产品、新市场来提高企业的利润（外向型增长），而对于日本企业，则更倾向于通过内部流程控制和成本控制，精益求精，使得产品具有更好的性价比。创新型企业适合于那些变化较快的行业，而改善型企业则适合于那些变化不大的行业。例如，对于日本汽车行业来说，发展的实际主要来自于汽车行业大的创新减少，而石油危机、通货膨胀导致对成本、质量（维修、报废时间）的重视上。[①]

事实上，企业要想提出全面质量控制，关键环节还是人，仅仅依赖质检部门是不够的，只有将员工的质量意识贯穿于生产的每一个环节中，才能提升产品的质量。

在这方面，日本企业已经积累了丰富的经验。美国哈佛大学教授迈克尔·波特与另两名日本学者为首的团队，耗时十年对日本经济进行了系统研究，结果显示，日本企业界的一个较为普遍的现象，就是日本企业长于改善运营效率，而短于制定独特的竞争战略。[②]由此可以看出，不断改良是日本企业长寿的一个重要因素。

---

① 蔡司阳.解读日本企业成功的奥秘——改善[J].中国商论，2013（19）.
② 孙莹莹.日本企业竞争模式思考及对我国企业的启示[J].企业技术开发，2005（24）.

成立于 1887 年的花王株式会社（Kao Corporation），拥有 130 年的历史，总部位于日本东京都中央区日本桥茅场町。

花王株式会社的前身是 1887 年 6 月开业的"长濑商店"，该商店由长濑富郎创办，位于日本东京都日本桥马喰町，主要经营一些进口的妇女日用品。在 1890 年后，长濑商店开始贩卖洗脸用的高级肥皂，取名为"花王石碱"。如今，花王株式会社拥有员工近 33350 人。在东京日用化学品市场上，花王有较高的知名度，其产品包括美容护理用品、健康护理用品、衣物洗涤及家居清洁用品及工业用化学品等。

花王一直从事家庭日用品的制造，其中很多经过反复做小幅改良的老牌产品广为消费者所熟知。

花王能保持 24 年的业绩连续增长，是因为花王经营者不断地改良产品，让产品跟上时代，但是有时也要做出痛苦的经营抉择。在十多年前，花王经营者决定裁掉销售额达 800 亿日元的软磁盘业务。这样的战略收缩让媒体和研究者大吃一惊。

媒体和研究者吃惊的原因是，当时花王的软磁盘业务，其市场占有率位居世界第一。然而，随着光碟机等新记录媒体的陆续普及，导致软磁盘业务的收益日益减少。对此，时任花王株式会社社长尾崎元规在接受日本放送协会记者采访时坦言："因为这项业务超出了本行的日用品范围，因此放弃了，重新把重点集中于家庭日常用品，花王的历史就是从清洁用品这些东西开始的，就公司的成长过程和目标而言，软磁盘与此格格不入，所以要重返基点，在撤退问题上取得了共识。"

为什么花王在事业撤退后业绩依然维持增长呢？这家长

寿企业的优势是什么呢？

资料显示，花王的很多商品独占市场鳌头，洗濯用洗剂的市场占有率达四成以上、漂白剂占七成以上，长年来盘踞首位，其背后是创业以来从未间断过的去污研究。

对于改良，尾崎元规如是说："自创业以来，花王从未间断过对去污技术的研究，每天都要搜集员工制服的衣领，对洗衣粉的洗净能力反复实验。把这分成两半，观察新产品和旧产品去污能力有何不同，这对洗净能力做出评价是非常重要的样本。"

事实上，作为日用品的洗衣粉市场，竞争十分激烈，技术赶超非常迅速，因此，即便是一点点技术改造，不间断的改良也非常重要。一点点、一步步不间断的改良带来的就是市场占有率。1987 年上市的一款洗衣粉已经改良过 20 多次了。花王改良的目的是用更少量的洗衣粉将衣服洗得更干净，尽管牌子都是一样的，但是产品却在一点一点改良。

对此，尾崎元规坦言："周围环境与时代一起在变化，即使现在很好，环境一变，是否还能维持呢？这就很难说了，要保持信心，时刻临机应变进行变革，对于我们的经营是非常基本和重要的。"

花王最初的商品是洗脸用的肥皂，其产品的定位是优良的品质。日本当时生产的肥皂非常粗劣，日本百姓通常用它来洗濯衣物。然而，花王生产的肥皂却可以用来洗脸。因此花王生产的肥皂大受日本消费者的欢迎。

花王创造了顾客需求，日本消费者开始用肥皂洗脸，由此花王的产品得以推广。尽管花王取得了阶段性胜利，但是花王第二代社长却鞭策因畅销而骄傲自满的员工，他说："现在的花王肥皂，究竟是否是无与伦比之优良品，已成完美无缺之肥皂乎？仍然有改良的余地。即使一点点也行。要不断改良。"

从花王第二代社长开始，花王肥皂改良延续了百年。

在花王公司，历代社长都倡导持久改良的作用。历代社长都强调，即使是成熟的产品，也有改良的余地；即使是新产品，必须改良的地方也会不断出现。从30年前开始，花王率先开设了消费者服务中心，把消费者的声音运用到商品改良上去。

为了更好地改良产品，花王工作人员每天从三百余件的建议和投诉中寻找商品改良的要点。在产品开发会议中，必须有消费者服务中心的成员参加，甚至没有消费者服务中心工作人员的同意，新产品就不能上市。

花王持之以恒，不断改良，其产品已经深入人心，也获得消费者更多的信赖，这便是这家长寿企业的哲学。

研究发现，像花王、松下这样的日本企业之所以能够长盛不衰、保持极强的活力及生命力，与它们持续改善的精神是分不开的。它们总是想尽一切办法去完善生产工艺、提高产品质量、控制成本、改善环境等并乐此不疲。它们往往会采用成立改善小组的方式对企业的问题进行专项的持续改善，如TCM（全面成本管理）、TPM（全面生产管理）、

TQM（全员质量管理）、5S 等。①

　　为什么日本企业能够不断地改良企业的产品，并改进企业的效率呢？究其原因，能够改进流程效率的往往是企业生产线上的工人，因此生产线的工人形成的小组，对于改进企业的效率有着巨大的贡献。但是工人改进效率，往往会使自己的职责加重，甚至有可能会由于效率的提升而丢失自己的饭碗。在这种情况下，体制的不同就体现了不同的效果：在日本，企业大多抱团存在，而工人大多是终身制，因此，提高效率后的工人可以转到统一财团下的其他企业，例如，日本的煤矿等消失产业的工人，被转到了同一财团下的其他新兴企业中。另外，终身制会让工人对企业的忠诚度提高，日本传统文化的作用也会使工人能够有积极性做提升工厂效率的工作。② 在这样的文化和历史背景下，日本企业就会坚持永不厌倦的持续改善，当然，也取得了较为理想的效果。

　　在华为，这样的微创新随处可见。为此，华为公司数字营销部部长高先瑞曾撰文指出："微创新并非互联网行业的独门秘籍。随着宽带泛在和移动互联网对整个世界的影响进一步加深，所有的行业都将在跨界和融合的大趋势中接受洗礼。在微创新当道的时代，所有的企业唯有基于敏锐的市场洞察和围绕'用户体验至上'的敏捷创新，才能谋得持续的生存和发展。其中，大胆拥抱互联网思维，以更加开放的姿态，接纳甚至吸引用户深入参与到企业的微创新过程中，为用户创造极致体验，尤为重要。"

　　在高先瑞看来，只有为用户创造极致体验，才能赢得客户的青睐。

---

① 孟祥磊.日本企业保持竞争力的奥秘所在 [N].日本新华侨报，2012-06-19 .
② 蔡司阳.解读日本企业成功的奥秘——改善 [J].中国商论，2013（19）.

当 2011 年 ODN 的智能化成为业界聚焦的一个关键点时，殊不知，华为早在 2009 年就发布了 iODN 的解决方案。所谓 iODN，即 intelligence ODN（智能 ODN）。华为的基本思路是，为光纤分配电子标签，通过读取插入光纤的信息，实现对光纤的智能管理。

在 2011 年 9 月底的宽带世界论坛上，华为 iODN 解决方案就曾获得 InfoVision "宽带网络和服务管理运营" 类别奖项。

这是业界首次将该奖颁发给无源光纤网络解决方案。据时任华为接入网产品线副总裁的李和顺介绍，之所以获得该奖，是因为 iODN 能给运营商带来巨大的商业价值。

不仅如此，华为 iODN 解决方案在实际商用局中的小规模测试结果显示，该方案能够降低 20% 的总体建设成本，由人员效率提升、快速故障定位带来的总体运维成本降幅则达到 50%。

据李和顺介绍，华为 iODN 由三个关键环节组成：电子标签、手持施工工具和 ODN 网络管理系统。电子标签类似于 MAC 地址，具有全球唯一性的识别码，存储了该段光纤的地址信息，通过管理电子标签，就能实现对整个 ODN 网络内各光纤链路的管理。手持施工工具 PDA 提供施工、维护的主要工作界面，可实现工单管理、操作指引、信息查询等功能。网管系统则可以收集并管理所有端口的光纤连接状态，并自动生成拓扑、自动进行光纤连接校验等。[1]

华为的 iODN 方案更便于运营商对海量光纤的部署、管理、维护。大量事实证明，无论是中国，还是发达国家，运营商们都在进行着轰轰烈烈的宽带提速运动，主要手段是 "光进铜退"。由于光与铜的物理特

---

[1] 余勇昌，洪眉，王瑜，等. 智能 ODN 解决方案及应用探讨 [J]. 通信技术，2012（9）.

性截然不同，所以"光进铜退"并不能简单地进行替换。

由于光纤是一种无源资源，作为运营商也无法直观地通过电路的打开与闭合判断其是否在工作。同时，相比铜线简单的 P2P 结构，ODN 多采用 P2MP 拓扑，网络中的接续节点多，网络资源连接管理复杂。

这就给动辄负责成千上万条光纤维护的网络运维部门带来了前所未有的巨大挑战。在光纤网络开通之前，运营商平均花费 25 分钟用于连接关系查找、确认。

统计数据显示，通常运营商超过 30% 的光纤由于标识混乱、无法辨识造成资源沉淀无法使用，只能重新投资铺设，造成大量资源浪费。除了资源沉淀外，运营商还面临着光纤网络业务开通和管理的难题，比如，运维部门接到订单，派出施工人员到远端进行施工，但到现场才发现光纤已经分配完了；对于局端是否需要扩容，运营商也只能采取定期巡查的模式，耗费大量人力物力。[①]

时任华为接入网产品线副总裁的李和顺介绍道："几年前，我们在帮助海外运营商实施 FTTH（光纤到户）网络部署的过程中注意到这一问题，于是 2007 年立项研发，2009 年发布了 iODN 解决方案样机，并在去年正式商用，实现了对无源光网络的可视化管理。"

在李和顺看来，运营商青睐华为 iODN 的重要原因是实施简单、价格可接受。此前，中国竞争者也提出了一些电子标签的替代标准，但成本问题一直困扰着商业应用。基于此，一旦应用的规模足够庞大，华为的解决方案每条光纤的成本可迅速降低。对于现网的 ODN 改造来说，不仅可以根据不同运营商的网络提供定制化方案，同时还可以确保资源

---

① 李传涛 .iODN: 华为微创新样本 [EB/OL].2017.http://www.c114.net/market/177/a653487.html.

的最大化重复利用。

事实上，其他厂商也提出了类似的解决思路。不过，李和顺强调，与竞争者相比，华为最大的优势是"厚积快发"。主要体现在两个方面：

第一，华为积累了解决方案的相关技术。李和顺解释道："同样的标签，实现的方法可能千差万别。有些基于电，有些基于全光。而从了解客户的思路到形成方案到最终可大规模实施，需要相当的经验与技术积累。"

第二，华为对于客户关注点的快速发现和响应比竞争者更具优势。李和顺介绍说："华为是目前唯一正式发布 iODN 商用解决方案的厂家，进度上走在最前面。"

2011 年年初，华为高调公开了自己与中国电信在安徽宣城部署的全球首个 iODN 解决方案商用试验局。除了安徽宣城外，华为还在陕西、江苏等 15 个省开通了 30 多个商用项目，这也标志着华为 iODN 解决方案已达到可正式商用水准。[①]

---

①李传涛 .iODN：华为微创新样本 [EB/OL].2017.http://www.c114.net/market/177/a653487.html.

第 4 节 客户管理创新——"深淘滩，低作堰"

在很多场合下，任正非都在强调"以客户为中心"。在内部讲话中，任正非告诫华为人："我们还是深淘滩，低作堰，就是我们不想赚很多的钱，但我们也不能老是亏钱。低作堰嘛，我们有薄薄的利润，多余的水留给客户与供应链。这样我就能保存生存能力，你只要活到最后，你一定是最厉害，因为你每次合作的时候都要跟强手竞争，留着活下来的都是蛟龙……"

2009 年，任正非去成都出差，特地游览了都江堰。其后，任正非感悟很多，特别是从李冰父子治水的故事中得到很多的管理启示，于是写了一篇名为《深淘滩，低作堰》的文章。

在该文中，任正非明确提出："将来的竞争就是一条产业链与一条产业链的竞争。从上游到下游的产业链的整体强健，就是华为生存之本。

"我们要保持'深淘滩，低作堰'的态度，多把困难留给自己，多把利益让给别人。多栽花少栽刺，多些朋友，少些'敌人'。团结越来越多的人一起做事，实现共赢，而不是一家独秀。"

对于任何一个企业而言，客户是企业不可不得的战略资源，谁拥有优质的客户资源，谁就可能成为市场竞争的霸主。

时至今日，华为能够取得2013年销售收入达2400亿元人民币的优异成绩，靠的就是"以客户为中心"。可以肯定地说，华为的明天依然是"以客户为中心"，这是华为生存和发展的唯一理由，也是任何一家企业生存和发展的关键点。

华为四大战略的第一条就是："为客户服务是华为存在的唯一理由；客户需求是华为发展的原动力。"

为了更好地阐释"以客户为中心"的战略，任正非更是多次在内部讲话中用"深淘滩，低作堰"来强化华为"以客户为中心"的重要性。

李冰留下"深淘滩，低作堰"的治堰准则，是都江堰长盛不衰的主要"诀窍"。其中蕴含的智慧和道理，远远超出了治水本身。①

任正非是这样注解"深淘滩，低作堰"的：

"深淘滩：就是不断地挖掘内部潜力，降低运作成本，为客户提供更有价值的服务。客户决不肯为你的光鲜以及高额的福利，多付出一分钱的。我们的任何渴望，除了用努力工作获得外，别指望天上掉馅饼。公司短期的不理智的福利政策，就是饮鸩止渴。

"低作堰：就是节制自己的贪欲，自己留存的利润低一些，多一些让利给客户，以及善待上游供应商。将来的竞争就是一条产业链与一条产业链的竞争。从上游到下游的产业链的整体强健，就是华为生存

---

① 中国企业家编辑部.任正非总结华为成功哲学：跳芭蕾的女孩都有一双粗腿[J].中国企业家，2014（10）.

之本。"①

华为顾问田涛和吴春波在其著作《下一个倒下的会不会是华为》中是这样描写任正非的："深圳飞往北京的航班。头等舱的最后一排，一位 60 多岁的乘客，捧着一本书在看着。三个小时后，飞机在首都机场降落。这位叫任正非的乘客，起身，从行李架上取下行李，然后快步地融入川流不息的客流中，没有前呼后拥，没有迎来送往。经常的情形是，他到国内某地出差或度假，也不通知所在地的公司负责人，下飞机后，乘出租车直奔酒店或开会地点。乘出租车是他的习惯，偶尔让人看见，反成了新闻。"

经过核实，华为的高管们大抵都如此。华为一位副董事长说："华为这样的做法，并不代表着领导层的道德觉悟有多高，这不是我们的出发点。重要的是，它体现着华为的价值观：客户重要，还是领导重要？这才是大是大非，关系到公司的胜败存亡。"

在这位副董事长看来，华为只有把客户第一坚持下去，才能够赢得未来。在很多场合下，任正非更是多次发出警告："我们上下弥漫着一种风气，崇尚领导比崇尚客户更厉害，管理团队的权力太大了，从上到下，关注领导已超过关注客户；向上级汇报的胶片如此多姿多彩，领导一出差，安排如此精细、如此费心，他们还有多少心思用在客户身上？"

为了有效地贯彻"以客户为中心"战略，任正非干脆更直截了当地下指令："你们要脑袋对着客户，屁股对着领导。不要为了迎接领导，像疯子一样，从上到下地忙着做胶片……不要以为领导喜欢你就升官

---

① 中国企业家编辑部.任正非总结华为成功哲学：跳芭蕾的女孩都有一双粗腿 [J]. 中国企业家，2014（10）.

了，这样下去我们的战斗力要削弱的。

"在华为，坚决提拔那些眼睛盯着客户，屁股对着老板的员工；坚决淘汰那些眼睛盯着老板，屁股对着客户的干部。前者是公司价值的创造者，后者是谋取个人私利的奴才。各级干部要有境界，下属屁股对着你，自己可能不舒服，但必须善待他们。"

第 5 节　企业文化创新——狼性华为

在开疆拓土的步伐中，狼性文化曾经支撑华为赢得了一个又一个的胜利。有研究者甚至将此阶段称之为"土狼时代"，何谓"土狼时代"呢？具体是指华为集中在中国大陆地区与国际跨国企业一统天下的时段。

任正非是这样介绍"土狼时代"的华为精神的。任正非说："发展中的企业犹如一只狼。狼有三大特性：一是敏锐的嗅觉；二是不屈不挠、奋不顾身的进攻精神；三是群体奋斗的意识。企业要扩张，必须要具备狼的这三个特性。"

可以说，任正非精准地概括了华为在进攻中的状态。在当时，任正非宏大的理想与积极向上的语录口号、运动式的内部交流方式，成为艰难环境中华为这个土狼群体拓展生存空间最有效的方式。[①]事实证明，在"土狼时代"，华为的进攻势如破竹，从而掀开了华为迈上新高度的扩张时代的序幕，1996 年 2 月，华为召开集体辞职大会，是华为"土狼时代"的杰出代表作。这样的历史记录了华为狼性的残酷和向上，为了生存，只有不屈不挠，勇于进攻，才能迎来跨越式发展。

---

① 任鸽 . 任正非：缔造狼性华为 [N]. 中国企业报，2011-07-26.

激活的华为"狼性文化"

30 年来，华为市场拓展中取得的骄人业绩是值得中国企业学习和借鉴的，这样的路径可以说在中国企业史上是一个较为独特的案例。当然，华为之所以能把一个巨大而高素质的团队团结起来且同时充满工作激情，是因为华为狼性的团队精神。

一些研究者撰文称，互助是华为团队精神的核心。这也是华为崇尚狼的关键所在，因为狼拥有三种特性：一、有良好的嗅觉；二、反应敏捷；三、发现猎物集体攻击。从这三个特性可以看出，华为人把狼作为学习的榜样，向狼学习"狼性"，主要还是为了更好地激活狼性文化。在企业永不停息的边界扩张中，这样的文化是永远不会过时的，因为在市场的拓展中，只有团队才能击败独兽，哪怕是行业最大的企业思科也是如此。

2015 年，电影《狼图腾》再次把狼引入观众的视野中，之所以狼被很多影视界人士所看好，是因为狼有着独特的生存的能力和精神。

在 200 万年前的地球上，有三个最迅猛的食物链顶级杀手，如果按照杀戮威力从大到小来排列，它们分别是泰坦鸟、剑齿虎和狼。

在自然界，优胜劣汰的丛林法则让所有动植物不得不按照此规则进行进化，然而，在经过 200 万年的马拉松长跑之后，泰坦鸟、剑齿虎已经被自然界淘汰掉了，只剩下当时杀戮威力最小的狼。泰坦鸟拥有巨大体形、耐力强、奔跑迅速、攻击迅猛，为什么却在数十万年间大杀四方后灭绝了呢？

究其原因，尽管泰坦鸟和剑齿虎都比狼的威力大得多，体现在体形大、迅猛方面，但是泰坦鸟和剑齿虎都缺乏社会体系，在生存中往往是独居，狩猎时其最大弊端就凸显出来——首先，无法有效地在外出捕食时保护幼小甚至未孵化（泰坦鸟）的后代；其次，尽管泰坦鸟和剑齿虎杀戮猎物的能力较强，但由于消化和进食速度的因素，能否守护住捕获的猎物就是一个不得不面临的问题，在非洲大草原上，狮子捕获的猎物被鬣狗抢走的事情屡有发生。

而个头较小的狼群，往往擅长团队作战，不仅可以更有效地保护后代不受其他捕食者的侵扰，同时狼的捕猎行动非常迅速，善于合作攻击对手的弱点，甚至咬断猎物的大腿跟腱，使其瘫痪，而且在 20 分钟以内狼群可以吃光一头鹿，将其变成一堆白骨，丝毫不给其他动物伺机掠夺自己财富的机会。

就这样，狼在团队的合作狩猎中战胜了泰坦鸟和剑齿虎，踏着历史的车轮，当其他顶级杀手都消亡了，最终因为自己的卓越进化而生存了下来，狼一度成为食物链的最高端霸主，直到人类的出现。为此，有管理专家认为，自然界中在团队建设方面，"狼"可能比"人"更有团队精神。狼群在捕猎时通常不会轻易地单独行动，往往都有严密的组织行为，同时还会根据所在地的地形和气候条件，合理安排行动计划。

在商业世界里，团队精神较强的企业往往赢得竞争的胜利。华为在拓展国际市场时也不例外，由于时刻强调团队精神，时刻强调华为的整体性，形成了华为的"狼性文化"。

关于团队的力量，任正非在内部讲话上强调："一个人不管如何努力，永远也赶不上时代的步伐。只有组织起数十人、数百人、数千人一同奋斗，你站在这上面，才摸得到时代的脚。我放弃做专家，而是做组织者。我越来越不懂技术、越来越不懂财务，半懂不懂管理，如果不能充分发挥各路英雄作用，我将一事无成。"

《华为基本法》就把团队精神写进其中："华为始终是一个整体，倾听不同意见，团结一切可以团结的人。"这句话包括三个方面：（1）强调华为的"整体性"；（2）华为允许"求同存异"，尊重每一个个体的意见；（3）营造"大团队"氛围。

《华为基本法》在"整体性"上有详细的规定。如强调"集体奋斗"，而"不迁就有功的员工"等。

《华为基本法》在"求同存异"上也有明确描述。如在"首长办公会"方面提出："各级首长办公会的讨论结果，以会议纪要的方式向上级呈报。报告上必须有三分之二以上的正式成员签名，报告中要特别注明讨论过程中的不同意见。"

为使"大团队建设"更具竞争力，在《华为基本法》中这样写道："华为主张在顾客、员工与合作者之间结成利益共同体。"这样的理念在中国的民营企业里是很少见的，更令人惊叹的是，华为不仅仅停留在理念层面，在实际工作中也确确实实按照这样的理念开展工作，团结一切可以团结的力量，打造了一个前所未有的强大的商业生物链。超过2000亿元的营业额就是强大的证明。①

华为狼性企业文化的三大特性

在通信制造业，一些研究者把企业比作大草原上的三种动物：跨国

---

① 包·恩和巴图.慧眼看《华为基本法》[EB/OL].2017.http://www.emkt.com.cn/article/586/58627.html.

公司比喻为狮子；跨国公司在中国大陆地区的合资企业比喻为豹子；中国大陆地区的本土企业比喻为土狼。

客观地讲，该比喻还是非常贴切的。经过 30 年的发展，华为在中国和国际化市场的拓展中，真正地对土狼作了最为杰出的注解。

1998 年，"狼性文化"被任正非在内部会议上提出，这是华为崇尚"狼性文化"的开端。在该会议上，任正非归纳总结了狼的三大特性："一是敏锐的嗅觉；二是不屈不挠、奋不顾身的进攻精神；三是群体奋斗的意识。"

正是因为狼群具有这三点，才使得狼群在厮杀中提高了成功的概率。在企业竞争中，这样的精神会形成超乎想象的巨大力量，狼群在与狮子和豹子搏斗时赢得生存的机会。

众所周知，对于任何一家初创企业来说，企业经营者只有拥有狼性精神，才能在实力雄厚的跨国企业和本土巨头的夹缝中、前有追兵后有阻截的困境中生存和发展。敏锐地察觉竞争对手的产品研发和销售市场动向的变化，不仅可以在竞争中抓住先机、把握进攻的主动权，也能在竞争过程中挫败竞争者而赢得胜利。

在自然界中，当狼群与狮子战斗时，狼会使用任何一切可以利用的方法，甚至不惜代价以集体车轮作战的方式对狮子发动疯狂攻击，在一轮又一轮的进攻中，实力雄厚的狮子最终因精疲力尽而悻悻离去。

在华为的发展和壮大过程中，尽管跨国企业占尽资金和技术优势，但是华为尽可能地找生存之法——采用市场中十分有效的战术，常常以集体战的作战样式，打败了强大若干倍的竞争对手，赢得不断成长的机会。

无论是狮子还是豹子在分食猎物时，都不敢掉以轻心，甚至非常惧怕不要命的狼群。在通信市场，华为正是扮演着有些不要命的狼群角色，通过各种有效的市场竞争手段，阻击了狮豹企业。在短短的 30 年间，华为狼群的数量就从几百繁殖到几万，成功地壮大狼群的规模。

（1）市场拓展中的狼性

对华为来说，市场拓展表现出了狼性最为鲜活的一面，就是以整体力量向外攻击，为实现目标利用各种手段，争夺市场。它对胜利有着疯狂的追求，它对失败有着不懈的忍耐。在竞争中，华为的武器不一定是最好的，但是一定是最有效的，它的竞争力根植于它的狼性。[①] 当华为在美国拓展市场受阻后，任正非没有抱怨，而是积极地拓展欧洲市场。曾有人采访任正非："考虑到国安局这边的监听、泄密，美国不愿意让华为进入美国的市场，未来有没有可能，美国让华为卖设备，华为对美国市场有没有采取一些措施？"

对此问题，任正非是这样回答的：

> 我们渴望给美国人民提供服务，我们能够使美国网络健康发展，但基于目前的互相不信任，我们在美国的投资速度减慢了。
>
> 随着时间发展，人们对华为的了解会越来越多的，比如欧洲等很多国家，并没有排斥华为。我们要加快在这些友好国家的网络发展，加大对这些地区的投资。在 2018 年左右，华为的销售收入可能会达到 700 亿 ~ 800 亿美元，新增投资会大

---

① 江敏 . 浅析华为企业文化的塑造与启示 [D]. 南昌大学，2012.

量投在英国和欧盟，当然也包括别的国家。我们要与各个国家
建立信任和互惠互利的机制。

英国近期建立的网络安全监管委员会，我们是坚决支持
的，我们欢迎用监管的方式来对待华为。华为有四万多名员工
是外籍员工，华为大量高端科学家都是西方科学家，相当多的
管理层也是西方员工，这样的发展，华为肯定对社会越来越透
明，越来越让大家增强信任。短时间，有个别国家不信任，但
我相信这个历史总会过去。

大家都说我这个人不愿意见媒体，从而说公司很神秘，
其实是我个人性格问题，而不是其他原因。因为我个人比较羞
涩，不愿意面对社会的荣誉，回避这些的时候，就回避了媒
体。所以我也慢慢走向开放，让大家看到我是什么样的人，从
而让华为最后一点神秘的面纱被撕掉。

是什么原因导致华为这样一个拥有狼性文化的中国优秀企业在美国
也频频遭遇贸易壁垒的制约呢？原因还是美国以安全为由的贸易保护主
义。这样的"潜规则"让华为颇为无奈。

让华为在美国遭遇重重阻碍的正是美国外资投资委员会（CFIUS）。
该机构成立于 1988 年，专门负责审议外资收购。自从"中海油并购案"
之后，该机构对中国企业在美国的并购尤为警惕。

据《纽约时报》的消息称，该机构以国家安全为由，八名共和党
参议员要求奥巴马政府仔细审视华为向美国斯普林特供应设备的相关事
宜，要求美国政府和国家安全局全面调查华为，评估允许其向斯普林特
销售设备带来的风险。

斯普林特创办于 1899 年，目前，斯普林特建立并运营着美国境内唯一的全数字光纤通信网络。主要业务是为美国军队和法律执行部门提供设备，同时也为众多公司提供系列设施、系统软件和服务。

在美国斯普林特无线宽带网络的扩容招标中，华为也参加了此次投标，华为有意向斯普林特销售其无线通信设备。于是招致八名共和党参议员的反对。

这些议员的理由是，一旦华为成为斯普林特的供应商，将会给美国公司以及国家的安全造成潜在威胁。在阻击外国企业合作和并购中最冠冕堂皇的理由就是国家安全。正是这一理由，使议员们反对华为正常的商业行为变得无懈可击。[①]

（2）研发中的狼性

在华为，不屈不挠、奋勇拼搏的狼性无处不在，即使在研发上也同样如此。研究人员勤勤恳恳、埋头苦干，不害怕"板凳要坐十年冷"，坚持"从点点滴滴做起"，研究问题不求广，而是要做深。所以华为的技术总能在国内领先，这是科技产品抢占市场的利器。[②]

为了激活华为团队的狼性，任正非在内部会上说道："我们的管理者，特别是大批年轻的基层管理者，要努力提升自身的管理能力，加强学习，积累管理经验。在对事的管理上，要做好计划，要合理分配工作，合理规划工作节奏，张弛有度，攻下一个山头后，团队要注意适当

[①] 许洁. 华为美国招标再受挫 分析建议其海外上市 [N]. 证券日报，2010-08-26.
[②] 包晓闻，宋联可. 中国企业核心竞争力经典：企业文化 [M]. 北京：经济科学出版社，2003：0-20.

休整、认真总结。在对人的管理上，要加强对下属的关心和爱护，多一些沟通和辅导，润物无声，帮助下属提高技能和效率，培养工作中的自信心、成就感。

"2005 年春节晚会上，《千手观音》给了我们很大震撼。那些完全听不到声音，也许一生都不知道什么是声音的孩子，竟然能形成那么整齐划一的动作，那么精美绝伦的演出，其中的艰辛和付出可想而知。"

（3）危机意识的强烈的狼性

华为如同狼一样，拥有强烈的危机意识。任正非曾写过《华为的冬天》和《北国的春天》两篇文章，其中的危机论给中国企业经营者敲响了警钟。

华为之所以能够在与跨国企业，如思科、爱立信等的较量中赢得胜利，是因为任正非将狼的三大特性融入华为的核心文化中，从而形成独树一帜的"狼性文化"。特别是在我国企业的实力还远远弱于世界级企业而又必须在全球经济一体化的竞争中生存的时刻，"狼性文化"发挥了奇效，构成了实用、有效的特殊竞争力。①

可以说，狼性是华为企业文化特性的浓缩，任正非对此有着精辟的论述："资源是会枯竭的，唯有文化才会生生不息。一切工业产品都是人类智慧创造的，华为没有可以依存的自然资源，唯有在人的头脑中挖掘出大油田、大森林、大煤矿……精神是可以转化成物质的，物质文明有利于巩固精神文明，我们坚持以精神文明促进物质文明的方针。这

---

① 包晓闻，宋联可．中国企业核心竞争力经典：企业文化 [M]．北京：经济科学出版社，2003：15-20.

里的文化，不仅仅包含知识、技术、管理、情操……也包含了一切促
进生产力发展的无形因素。"

第 6 节　干部培养创新——宰相必起于州部，猛将必发于卒伍

华为的干部管理通常采用"选拔制"和"淘汰制"，而不是"培养制"。这与华为自身的选拔机制有关。

在华为，任正非始终强调，但凡提拔干部，必须从有成功实践经验的人才中去选拔。正所谓是"宰相必起于州部，猛将必发于卒伍"。

干部要以基层实践经验为任职资格

远在战国时代，韩非子在《韩非子·显学》一文中就对官员选拔做了阐述："故明主之吏，宰相必起于州部，猛将必发于卒伍。夫有功者必赏，则爵禄厚而愈劝；迁官袭级，则官职大而愈治。夫爵禄大而官职治，王之道也。"

韩非子是中国战国时期法家思想的集大成者，对官员和将领的任命都有独到的见解。韩非子认为，国家的文臣武将，特别是高级官员和将领的选拔，一定要从那些拥有基层实际工作经验的人才中选拔。因为这

些人才来自基层，更了解战场的形势和百姓的疾苦，能够更好地处理政务、领兵作战；反之，一旦缺乏基层历练，处理政务，领兵作战就有可能纸上谈兵、误国误民。

任正非强调："要从各级组织中选拔一些敢于坚持原则、善于坚持原则的员工，在行使弹劾、否决权中，有成功经验的员工，通过后备队的培养、筛选，走上各级管理岗位。……现代化作战要训战结合，干部要以基层实践经验为任职资格，'宰相必起于州部，猛将必发于卒伍'。"

在华为，实践是干部选拔的最高标准。任正非认为，坚持从有成功实践经验的人中选拔干部是保证华为生存与发展的重要因素。

在内部讲话中，任正非强调："我们强调要从有成功经验的人中选拔、培养，反对纸上空谈。当然有些成功经验是很小的，但也是成功的。有成功经验，就表明管理者有一定的方法论，以及领导能力，他们经过培养，容易吸收公司的管理方法。"

为此，任正非解释说："为什么要选拔有成功经验的人呢？不管大项目成功、小项目成功，他们总有一个适用的方法论，他们已不是仅仅拥有知识，而是知识已经转换成为能力。这些人再被培养后，又善于总结与自我批评，那么他们就会再有一点进步，贡献就会再大一分。"

不仅如此，在华为的干部选拔中，一定要强调责任结果导向。任正非在内部讲话中阐述说："在责任结果导向的基础上，再按能力来选拔干部。强调要有基层实践经验，没有基层实践经验的机关人员，应叫职员，不能直接选拔为管理干部。如果要当行政干部，必须补好基层实践经验这堂课，否则只能是参谋。虽然西方在很多价值观的评价上不一定正确，但是西方的很多管理方法都是正确的，我们公司只要把住价值观这道关，西方的很多管理模型我们是可以用的。"

任正非补充说道："HRC（人力资源顾问）要致力于提升组织活力，我们未来最大的危机还是干部员工队伍的惰性。内部合理化的目标，就是激发组织活力，让队伍去冲锋、成长；宰相必起于州部，猛将必发于卒伍，干部一定要有成功实践经验。"

永远不会提拔一个没有基层工作经验的人来做管理者

在任正非看来，华为要想基业长青和永续经营，就必须让员工从基层做起，特别是那些高管，必须从基层提拔上来。在《致新员工书》中，任正非就屡次提及员工从基层做起的观点。

在最新修订的《致新员工书》中，任正非坦言，"实践改造了，也造就了一代华为人。'您想做专家吗？一律从基层做起'，已经在公司深入人心。一切凭实际能力与责任心定位，对您个人的评价以及应得到的回报主要取决于您的贡献度。在华为，您给公司添上一块砖，公司给您提供走向成功的阶梯。希望您接受命运的挑战，不屈不挠地前进，您也许会碰得头破血流，但不经磨难，何以成才！在华为改变自己命运的方法，只有两个：一、努力奋斗；二、做出良好的贡献。"

在任正非看来，对于任何一个华为人来说，改变命运只有两个方法：努力奋斗和做出贡献。在努力奋斗和做出贡献的路径中，基层锻炼非常重要。因此，任正非告诫新员工，华为永远不会提拔一个没有基层工作经验的人来做管理者。作为新员工，必须不怕做小角色，才有可能做大角色，实践是提高的基础。

在《致新员工书》中，任正非讲道："公司永远不会提拔一个没有基层经验的人做高层管理者。遵循循序渐进的原则，每一个环节对您的人生都有巨大的意义，您要十分认真地去对待现在手中的任何一件工作，十分认真地走好职业生涯的每一个台阶。您要尊重您的直接领导，尽管您也有能力，甚至更强，否则将来您的部下也不会尊重您。长江后浪总在推前浪。要有系统、有分析地提出您的建议，您是一个有文化者，草率的提议，对您是不负责任，也浪费了别人的时间。特别是新来者，不要下车伊始，动不动就哇啦哇啦。要深入、透彻地分析，找出一个环节的问题，找到解决的办法，踏踏实实地一点一点地去做，不要哗众取宠。"

最优秀的人才能被外派到基层

在华为的干部提拔中，但凡是机关干部，都必须到海外去锻炼。不仅如此，还必须长期地、身先士卒地待在国外，完成全项目的工作之后才能返回华为总部。

为此，任正非坦言："我们一定要在监控有效的条件下，尽力精简机关。在同等条件下，机关干部是越少越好，当然不能少得一个也没有。因此我们一定要坚定不移地把一部分机关干部派到直接产生增值的岗位上去。"

在任正非看来，"不懂战争的人指挥战争，这一定是高成本。总部机关的干部一定要对自己服务的业务有成功的实践经验，并具有快速准确、任劳任怨的服务能力与服务精神。机关的职员也一定要有服务业务的实践经验。"

任正非的理由是："公司总部一定要从管控中心，转变成服务中心、支持中心，机关要精简副职及总编制，副职以下干部要转成职业经理人。拥有决策权的正职，必须来自一线，而且经常转换。以后总部不再从机关副职中选拔正职。公司强调干部的选拔，一定要有基层成功经验。什么叫指挥中心建在听得见炮响的地方，就是在这个项目或战役上的指挥调控权在前线，机关起服务作用，炮弹运不到就要处分机关的责任人，而不是推诿前方报表的问题。"

只有最优秀的人才才有可能被外派到基层。当然，被选中的员工也可以选择不去，但是这样可能失去一个历练的舞台。时任华为 LTETDD 产品线副总裁的邱恒就非常认可华为的做法："去，就是给你一个舞台，让你有机会学习、成长；年底绩效好，还可以多认股、多分红，为什么不去呢？"

这样的观点得到了时任轮值 CEO 郭平的赞同，郭平坦言："在华为只有最优秀的人才能被外派到基层。"与日本企业不同，日本企业通常都讲究辈分，往往等上七八年可能都还轮不到升迁，但是，在华为奋斗十年的员工，却已是一个统管 4000 名研发工程师的中阶主管了。

任正非把这样的升迁管理哲学叫作"少将连长"。华为集团国际咨询委员会资深顾问田涛就曾经高度评价了华为的这种做法："华为的领导班子，都是一路从基层打拼上来的，只要有战功，30 岁当少将，管几十亿美金的合同，都是很常见的事。"

在田涛看来，尽管任正非大量导入了 IBM、GE、惠普等西方公司的管理制度，但是却对华尔街的金融体系不以为然。在任正非眼中，搞金融的人光靠数字游戏就能赚进大笔财富，真正卷起袖子苦干的人却只能赚取微薄的工资，这是全世界最不合理的事。所以任正非坚决不让华为上市，宁可选择把利润分享给员工。

新华社记者赵东辉、李斌、刘诗平、蔡国兆、彭勇、何雨欣在华为总部采访任正非："华为有没有弱点？"

任正非毫不避讳地回答说："有。华为公司三年前应该快垮了。为什么？因为大家有钱了，怕苦了。我们往海外派人都派不出去。大家都想在北京买房、陪小孩，都想在好地方待。我们就琢磨：为什么不提升一线作战的人的待遇呢？我们确定非洲'将军'的标准与上海、北京的标准不一样，年轻人在非洲很快就当上'将军'。你在非洲干，就朝着这个非洲'将军'的标准，达到了就是'将军'，就可以拿'将军'的钱。现在我们的非洲员工根本不想回来。"

近年任正非的不少讲话中都曾多次提到"少将连长"这个词。任正非说道："少将有两种，一是少将同志当了连长，二是连长配了个少将衔。"

在华为，出现"少将连长"至少有两个途径：第一，高级干部下到基层一线当基层主管，带小团队冲锋陷阵，充当尖兵；或者如同重装旅，作为资源池，到一线协调指挥重大项目、建立高层客户关系、建设商业生态环境，充分发挥老干部的优势。第二，"连长配了个少将衔"，就是提高一线人员的级别，一线基层主管、骨干因为优秀而被破格提拔，职级、待遇等达到了很高的水准，这样，就会引导优秀人才到一线、长期奋斗在一线，逐渐筛选出优质资源直接服务客户，从而创造更大的价值。

第 **4** 章

允许小部分力量
去颠覆性创新

CHAPTER 4

　　传统企业要进行创新，但未必得是颠覆性创新。颠覆性创新本身没错，但是传统企业讲创新，好比是在高速公路上开着一部车还得边开边换轮胎。既没法先把车停下来再换轮胎，也得确保换的过程中车辆是安全的。所以传统企业要创新，但是并不是每次都得革自己的命。一方面，鼓励一些颠覆式创新的机会，甚至设立独立的组织去运作；另一方面，通过现有流程、产品的创新改进，依赖自己的规模优势巩固市场地位，才是基业长青的保障。

——华为创始人 任正非

第 1 节 "允许小部分力量有边界地去颠覆性创新"

对于任何一家企业来说，其边界都是在向外扩张的，在创新时也同样如此。不过，在任正非看来，创新必须"聚焦主航道，以延续性创新为主，允许小部分力量有边界地去颠覆性创新"。

任正非的观点是："互联网总是说颠覆性创新，我们要坚持为世界创造价值，为价值而创新。我们还是以关注未来五至十年的社会需求为主，多数人不要关注太远。我们大多数产品还是重视延续性创新，这条路坚决走；同时允许有一小部分新生力量去颠覆性创新，探索性地'胡说八道'，想怎么颠覆都可以，但是要有边界。这种颠覆性创新是开放的，延续性创新可以去不断吸收能量，直到将来颠覆性创新长成大树，也可以反向吸收延续性创新的能量。"

为此，任正非举例说："公司要像长江水一样聚焦在主航道，发出巨大的电来。无论产品大小都要与主航道相关，新生幼苗也要聚焦在主航道上。不要偏离了主航道，否则公司就会分为两个管理平台。大公司为什么运转很困难？以前我们一个项目决策，要经过 470 多人审批，速度太慢，内部要允许大家有一条小路快走。而且主航道 470 多人审批也太多了，应该先砍掉绝大部分。"[1]

"即使有'黑天鹅'，也是在我们的咖啡杯中飞"

国外的媒体报道始终在追问一个问题——华为到底是不是一家创新型的公司？华为的专利数量回答了这个问题。

作为传统通信企业的华为，早期在 H04L（数字信息传输）领域积累了大量的专利，华为现有专利中，属于 H04L 领域的申请数量高达 37616 件。然而，在任正非 20 多年以来的数百次讲话、文章和华为的文件中，"创新"一词却是最少被提及的，尤其在近几年"互联网思维"风靡整个中国产业界的氛围下，任正非却对华为近 18 万名员工大谈以乌龟精神追赶"龙飞船"，要求上上下下"拒绝机会主义"，沿着华为既定的道路，并且不被路旁的鲜花所干扰，坚定信心地朝前走，允许小部分力量有边界地去颠覆性创新……

任正非坦言："比如 4K 高清电视，现在北京、深圳都还做不到，但四川全省连边远农村用的都是 4K 高清电视，就是我们和四川电信合作做的。4K 电视会把带宽、信息管道撑得很大。手机很快也是 2K 了，也会把信息管道撑大。这么大的管道一定要有人来做！4K 现在还没有到来，VR（虚拟现实）就要到来了，还能互动，流量会远远大于 4K。这是阻挡不住的社会发展趋势，也是巨大的战略机会。香港、澳门马上也会实现。四川的实践证明，普通的农村也可以享受很高的带宽。"

---

[1] 任正非.2014 年 11 月 14 日在内部战略务虚会上发表的讲话.

在任正非看来，在创新时允许小部分力量有边界地去颠覆性创新，才能避免陷入创新者窘境。历史上，很多大公司几乎在一夜之间倒闭了，这样的事实让任正非忧虑不安。为此，任正非强调："至少在大数据传送这个领域不会出现这种状况。即使有'黑天鹅'，也是在我们的咖啡杯中飞。我们可以及时把'黑天鹅'转化成'白天鹅'。我们内部的思想氛围是很开放自由的，'黑天鹅'只会出现在我们的咖啡杯中，而不是在外面。我们这里已经汇集了世界主要的技术潮流。"

"没有理论的创新是不可能持久的，也不可能成功"

在当前，创新似乎并不被关注，很多企业家关注最多的是资本运营。究其原因，创新不仅投入较大，而且还必须抵制各种诱惑。

对此，任正非在接受媒体记者采访时坦言："高科技领域最大的问题，是大家要沉得下心，没有理论基础的创新是不可能做成大产业的。'板凳要坐十年冷'，理论基础的板凳可能要坐更长时间。我们搞科研，人比设备重要。用简易的设备能做出复杂的科研成果来，而简易的人即使使用先进的设备也做不出什么来。"

任正非很乐观地预测，如果中国企业都踏踏实实地搞研发，未来的中国，类似华为的企业将举不胜举。任正非的理由是："第一，小企业要做大，就得专心致志地为客户服务。小企业特别是创业的小企业，就是要认认真真、踏踏实实，真心诚意地为客户服务。小企业不要去讲太多方法论，就是要真心诚意地磨好豆腐，豆腐做得好，一定是能卖出去的。只要真心诚意去对客户，改进质量，一定会有机会。不要把管理搞得太复杂。第二，先在一个领域里做好，持之以恒地做好一个'螺丝钉'。第三，小公司不能稍微成功就自我膨胀。我始终认为企业要踏踏实实一步一步发展。"

为此，任正非告诫企业家："泡沫经济对中国是一个摧毁，我们一定要踏踏实实搞科研。一个基础理论变成大产业，要经历几十年的工夫，我们要有战略耐性。要尊重科学家，有一些人踏踏实实做研究。如果学术研究泡沫化，中国未来高科技很难有前途。不要泡沫化，不要着急，不要大跃进。没有理论的创新是不可能持久的，也不可能成功。"

任正非举例说道："我们公司在世界资源聚集地建立了 20 多个能力中心，没有这些能力中心科学家的理论突破，就没有我们的领先世界。中国必须构建理论突破，创新才有出路。小改、小革，不可能成为大产业。"

究其原因，"有理论创新才能产生大产业，当然有技术创新也能前进。日本一家做螺丝钉的小企业，几十年只研究螺丝钉，它的螺丝钉永远不会松动，全世界的高速铁路大都是用这家公司的螺丝钉。一个螺丝钉就有非常多的地方可以研究"。

任正非解释说道："理论创新比基础研究还要超前，因为他写的方程也许连神仙都看不懂，就像爱因斯坦一百年前写的引力场方程，当时谁也看不懂，经过许多科学家一百年的研究才终于证明理论是对的。很多前沿理论突破以后，人类当时都不能理解。"

为此，华为聘用了很多国外科学家。据任正非介绍："我们海外研究所的科学家大多是外国人，所长是中国人，所长就是服务。我们'2012 实验室'现在有 700 多位科学家，今年（2016 年）会到 1400 多人。"

当然，任正非强调，高科技发展必须以市场需求、客户需求为基础。《华为的创新哲学：把二道贩子公司做到通信老大》一文是这样介绍华为创新的："一个倒买倒卖设备的二道贩子公司，怎么做到把全球的通信行业搅得天翻地覆？是依靠技术的强大吗？依靠资本的力量或者政府的力量吗？显然都不是。"

既然都不是，那么是什么因素促使华为的成功呢？答案是哲学与文化的成功，同时也是创新的成功。

华为创新核心的理念是，紧紧抓住市场的需求、客户的需求。在任正非看来，主航道就是市场需求、客户需求。一旦背离这样的需求，即使是那些上百年的巨头们也同样会走向衰落。如美国摩托罗拉公司，该公司可以说是华尔街最具创新精神的公司之一。摩托罗拉创始人保罗·加尔文和他儿子罗伯特·加尔文在多年前提出的企业愿景是，"摩托罗拉是一家不以赚钱为目的的公司，实现顾客梦想代表着摩托罗拉的企业使命"。

事实上，这样的使命感在家族企业中十分常见。然而，在 20 世纪末、21 世纪初，由于互联网技术与资本经营引领华尔街，再加上摩托罗拉走向技术崇拜，无视客户需求，盲目投资 50 亿美元研发"铱星计划"，导致摩托罗拉的灾难降临。由于摩托罗拉遭受重大的技术投资失败，华尔街的资本市场开始用脚投票，无疑加速了摩托罗拉的崩溃。如今的摩托罗拉，已经成了一个"被忘却的伟大的符号"淹没在历史的长河中。

为此，任正非吸取了摩托罗拉的教训，在创新时，始终坚持以市场需求、客户需求为导向。华为投入了世界最大的力量创新，但华为反对盲目的创新，反对为创新而创新，华为推动的是有价值的创新。

华为副董事长胡厚崑接受媒体采访时说："华为无疑是 5G 技术的领跑者。华为起步于六年前，已取得了大量技术突破，这让华为在 5G 知识产权领域占据更有优势的地位。"

正是因为如此，华为才取得了突飞猛进的发展。众所周知，对于华为这样的高科技企业来说，只有创新才能生存和发展，才能赢得与思科、爱立信等通信企业的竞争。

欧洲市场不仅是一个技术和市场高地，同时也是华为在国际化中开疆拓土的突破点。华为荷兰分公司 CEO 王德贤接受《光明日报》记者郭丽君、严圣禾采访时说道："华为摸索出了研发的'欧洲模式'，构建了更加高效的科研体系，即依托当地优势资源，利用欧洲基础研究的先进成果、领先的人才技术，与当地公司、科研机构联合创新，将伦敦的全球财务风险控制中心、匈牙利的物流中心、德国的工程能力中心和意大利的微波中心等创新研发成果，转化成华为的解决方案，提供给全球客户。"

根据欧洲专利局公开的专利数据显示，2014 年收到专利申请274174 件，同比增长 3.1%，其中华为申请专利数 1600 项，增长48.6%，在中国企业中排名首位，高于华为的竞争对手高通公司，高通以 1459 项在美国企业中排名第一。[①]

众所周知，华为在创新上取得突破，是因为巨额的投入。据华为首席财务官孟晚舟介绍说："华为在专利上的领先，得益于公司在关键和前沿领域持续不断地投入和创新。过去 10 年间，华为研发投入累计达1880 亿元，2014 年研发投入约 400 亿元，同比增长约 28%，占总销售

---

① 郭丽君，严圣禾. 华为：领跑者的创新底色 [N]. 光明日报，2015-03-31.

收入的 13.9%。"

　　在孟晚舟看来，华为正是依靠巨额的研发投入，才取得了当下显著的创新成果。目前，在全球范围 4G 核心专利中，华为拥有数量占比达25%，建设的 4G 网络数量世界第一。[①]

<hr />

① 郭丽君，严圣禾. 华为：领跑者的创新底色 [N]. 光明日报，2015-03-31.

第 2 节 "防止盲目创新，四面八方都喊响创新，就是我们的葬歌"

在华为，任正非对创新投入毫不吝啬，但是却反对盲目创新。在内部讲话中，任正非告诫华为人："我们反对盲目创新。我们公司以前也是盲目创新的公司，也是非常崇拜技术的公司，我们从来不管客户需求，研究出好东西就反复给客户介绍，客户说的话根本听不进去，所以在 NGN（下一代网络）交换机上犯了主观主义的严重错误，曾在中国电信市场上被赶出局。后来，我们认识到自己错了，及时调整追赶，现在已经追赶上了，在国内外得到了大量使用，在中国重新获得了机会，例如中国移动的汇接网全部是我们承建的，也是世界上最大的 NGN。"

在任正非看来，盲目创新、毫无边界的创新，无疑是在将华为引入歧途。因此，任正非认为，华为的创新必须是以客户为中心，必须推动有价值的有边界的创新，这样的创新才是有意义的。

"我们只允许员工在主航道上
发挥主观能动性与创造性"

众所周知，华为在创新上投入了巨额的资金以及人力，尽管如此，华为创始人任正非深知，创新必须聚焦，必须反对盲目创新，必须反对为创新而创新。基于此，在创新上，华为推动的是有价值的创新。

在内部讲话中，任正非讲道："我们是一个能力有限的公司，只能在有限的宽度赶超美国公司。不收窄作用面，压强就不会大，就不可以有所突破。我估计战略发展委员会对未来几年的盈利能力有信心，想在战略上多投入一点，就提出潇洒走一回，超越美国的主张。但我们只可能在针尖大的领域里领先美国公司，如果扩展到火柴头或小木棒这么大，就绝不可能实现这种超越。"

在任正非看来，只有针对性的创新，才是赢得较量的关键。任正非告诫华为人："我们只允许员工在主航道上发挥主观能动性与创造性，不能盲目创新，分散了公司的投资与力量。非主航道的业务，还是要认真向成功的公司学习，坚持稳定可靠运行，保持合理有效、尽可能简单的管理体系。要防止盲目创新，四面八方都喊响创新，就是我们的葬歌。"

任正非举例说道："大数据流量时代应该是很恐怖的，因为我们都不知道什么叫大数据。流量之大也令人不可想象。我说的大数据与业界说的也不一样，业界说的大数据，不是大，而是搜索，如邬贺铨院士说的，数据的挖掘、分析、归纳、使用，使数据创造出价值。我说的大数据是指数据流的波涛汹涌，指不知道有多么大的数据要传输与储存。当然我们希望传输的是净水，但我们也阻挡不了垃圾信息来回地被传输与储存，使得大数据更大。不要为互联网的成功所冲动，我们也是互联网公司，是为互联网传递数据流量的管道做铁皮。能做太平洋这么粗的管道铁皮的公司以后会越来越少；做信息传送管道的公司还会有千百家；做信息管理的公司可能有千万家。别光羡慕别人的风光，别那么互联网冲动。有互联网冲动的员工，应该踏踏实实地用互联网的方式，优化内部供应交易的电子化，提高效率，及时、准确地运行。我们现在的年度结算单据流量已超过 2.5 万亿元人民币，供应点也超过 5000 个。年度结算单据的发展速度很快会超过 5 万亿的流量。深刻地分析合同场景，提高合同准确性，降低损耗，这也是贡献，为什么不做好内部'互联网'呢？我们要数十年地坚持聚焦在信息管道的能力提升上，别把我们的巨轮拖出主航道。"

任正非认为，网络可能会把一切约束精神给涣散掉，一旦没有约束精神，势必影响华为的生存发展。在内部讲话中，任正非自问道："我们还会不会是一个主洪流滚滚向前进的公司？大家唱《中国男儿》，别人很震惊，这个时代还有这么多人来唱这种歌？在我们公司，眼前还有几千个核心骨干的团结，从而团结带领了 15 万员工（2013 年数据）。所以我们必然胜利。"

"消费者业务应关注最佳用户体验，反对无价值的盲目创新"

企业家追求"极致"的用户体验，其目的是使企业更为长久地存续，即基业长青和永续经营。从这个意义上讲，产品的极致体验不仅关于产品，更关乎哲学。

在这个最好的同时也是最坏的时代，许许多多一夜成名的神话刺激着企业家们创造更为卓越的伟大产品。在诸多希望背后，"骨感"的现实往往把可能的"美好"毁于一旦。

无数的明星产品都在历史长河中诞生，竭尽所能地关注用户体验，最大化地满足用户的需求，其中也不乏一些朴实甚至笨拙的产品正在挑战用户的感官。

我们不能因为产品朴实甚至笨拙就否定其经营策略，他们同样也是为了企业生存。以苹果公司为代表的企业，追求技术和人文完美的结合，赢得了无数用户的点赞；而另外一个代表微软，通过不断地完成新版、发布补丁也垄断了世界 80% 以上的桌面操作系统市场。

然而，在"互联网 +"时代，似乎极致的产品策略更符合用户的心理追求。但华为在创新时，依然坚持推动有价值的创新。任正非于 2017 年 1 月 17 日在消费者 BG 年度大会上说道：

第一，面对客户销售的界面，终端软件设计一定要有继承性，不要无价值的盲目创新。面对不同的消费群有不同的终端界面，我理解，但是面对同一个消费群，有些创新就没有必要。比如一个应用在手机界面的位置，放在左边或右边，其实并没有什么科学根据。如果消费者每更换一款新产品，都要去找这个应用的位置，这就浪费了他们的时间。有些商业人士找应用的时间成本可能比这台手机还贵，那他们为什么要换手机呢？所以我们提供给消费者的操作习惯一定要有继承性，你们内部改革是工程师的问题，不能让消费者来学习。苹果设备很多体验具有继承性，它是做优化和完善，没有明显的价值，不会把原来的方式改掉。

第二，希望缩小面对用户的开发平台，多平台设计其实也是浪费。允许你们产品线有两个平台，让内部也有竞争，但内部一定要有交流。从 P 系列换到 Mate 系列，手机界面就不一样，要改变这样的状况。

内部竞争也不是像"应用位置左边还是右边"的问题，应该是实质性问题。比如低端手机具有巨大市场，OPPO/vivo 适应了客户需求，我们要考虑如何提高低端手机的门槛线，将高端机的新技术在中低端手机重复使用，延长生命周期。我们的高端机延长销售时间、降档销售，需要降档明显一些，才能有效果。比如可以将 P9 的技术在低端手机中使用，低端机做到标准化、简单化、生命周期内免维护化，这样提高低端手机的门槛。只要通信功能最好，中文系统最好，就是一道防火墙。批量生产，就是拿电路板"印钞票"。在低端手机的市场竞争中，通过用户体验逐渐去感受，比如新产品一两年后就过时了，把 1G 上网能力放到中低端机上去，仍只卖这个价格，那么他们更新换代时就会换到华为手机。这样竞争力比零部件降成本更厉害，优势产生了，低端产品就能做成一道围墙。为什么一定要做新手机才代表光荣呢？这就是你们的人力资源评价系统有问题，还是在以技术导向、以价值能力为导向，要以消费者为中心，以有效盈利为导向。

第三，关注最佳用户体验，组合世界最优质的供应商，结成战略合作伙伴。消费者业务的应用数百万个，其实我们根本就开发不了，那就向社会买最好的。如果最好的被苹果垄断了，我们向第二好的买。我们不能组合一些烂应用来拼烂网，这样如何与苹果竞争呢？我们要关注的是最佳用户体验，组合世界最优质的供应商，结成战略合作伙伴，才有可能去竞争。

第四，"要想富，先修路"，业务部门向流程 IT 部门购买服务，而不是去建流程 IT。将来终端的 IT 服务体系是由你们来操作的，你们要提出需求，由流程 IT 部门来实现支持。公司已经在空耗费用中加进去这块，其他部门在"路"上跑，怎么交"养路费"，你们就怎么交，也不需要你们多交。[①]

在任正非看来，华为对研究与创新的约束是有边界的，只能聚焦在主航道上，或者略宽一些。产品创新一定要围绕商业需要。对于产品的创新是有约束的，不准胡乱创新。贝尔实验室最后为什么垮了？电子显微镜是贝尔实验室发明的，但贝尔实验室的本职是做通信的，它为了满足科学家的个人愿望就发明了这个电子显微镜。发明后成果丢到外面划不来，于是就成立了电子显微镜组织作为商业面的承载。所以无边界的技术创新有可能会误导公司战略。

因此，任正非强调："我们说做产品的创新不能无边界，研究与创新放得宽一点但也不能无边界。我们要成就的是华为的梦想，不是人类梦想。所以我们的创新应该是有边界的，不是无边界的。"

---

① 任正非 . 2017 年 1 月 17 日任正非在消费者 BG 年度大会上的讲话 .

"创新不像以前那么幼稚了，
而是有序的、有价值的创新"

在很多场合下，任正非称，他非常反对盲目创新。华为在变革的过程中，要大力提倡改良，谨慎使用改革。

在内部讲话中，任正非说道："不要为了创新而创新，为了表明自己能干就改一下，一改就是流程运行的高成本。这一点至少在管理体系上要落实下来，成熟的体系为什么不引进使用，为什么要盲目创新？英国人习惯渐进式的变革，有350年稳定的历史，形成了稳定而优良的发展体系。要是英国人老创新，老革命，就把轨道创到地狱里面去了。一个稳定的体系，才能保证良好的运作和低成本，所以，我们在管理体系上坚决反对盲目创新。更要反对'自主创新'，好的东西都要引进来使用，要最小量地开发，获得好的管理方法。"

任正非称，华为的价值评价体系里面既有英国的规范化管理，又有美国的创新精神，因此华为最后不会像英国一样做得很死板。

任正非说道："那么我们公司要求面对流程，要求规范化管理，大家认为规范化管理会不会把华为公司管理得跟英国一样呢？中国人的劣根性之一就是永远不愿规范，盲目创新是我们不灭的灵魂。中国人老是想这个会了，再搞搞那个，好奇心是中国人的特征。即使我们推行规范化管理后，中国人的创新精神仍是压也压不住的火花，不过创新不像以前那么幼稚了，而是有序的、有价值的创新。"

华为的创新主要采用继承性创新。任正非在内部讲话中说道："我们要变革的量只有5%或者更少，95%情况下都应该是规范的、稳定的，不要盲目去创新。这样对于5%的不规范的部分，允许探索与变革，其目的就是要促进发展。我认为，我们在某个时期会强调这样，在另一个时期我们会强调那样，其实那就是变革那 5%。所以，我们的目标方向是很清晰的，就是必须要发展，不发展就是死亡。如果我们说 100% 都变就会有发展，我认为没有可能性。100% 都变了以后未必会有发展。打乱了全局的互联，走向一种新的平衡是极其艰难的，而且混乱中，效益低下，不会有提高的。大刀阔斧变革，是痴人说梦。"

即使在管理和流程上，任正非也坚决反对盲目创新。任正非认为，管理和流程也必须在原有的基础上不断改良和优化。任正非说道："我们要持续百年地不断改良，不要随意地改革，改来改去的。只有历经数年充分认证，才能进行必要的革命。坚持百年，我们不死就是胜利。"

任正非坦言："多少人欢乐几家愁。现在享受互联网的人很幸福，做内容的人赚了很多钱，提供管道服务的人和我们做设备的人没赚到什么钱。但随着内容越来越丰富多彩，做内容的人也会是卖豆腐、卖水了，因为人家不是一定要点你的内容，点别人的也行。内容都是要通过管道来传送的，大家都来点呢，小的管道服务商就堵了，因为他们没有那么大的带宽。小的管道服务商没有了，他们用低价撬动的市场没有了，这时候能提供超级服务的大管道服务商就可以减少恶性竞争的压力。如果他们能买得动了，我们就能活过来；即便他们不涨价，只要战略对手萎缩了，我们的价格不再像今天这样做得这么烂，我们也活过来了。将来的水太大了，一定要通过大江大河流出去，如果到时候把着大江大河的人是我们，我们就有条件生存。所以我讲多少人欢乐几家愁，现在愁的是我们，将来我们还会不会继续愁下去？我们怎么能活下来？我认为这个要作为一个非常重要的议题提到公司的议事日程上来进行研究。技术还是在不断进步的，所以价格还会继续下降。从我们公司来说，我们不追求高利润及财务指标的漂亮，我们追求内部管理的合理性。"

任正非毫不隐讳地介绍说道："以前有人批评我们，说你们有线也做，无线也做，怎么能成功呢？爱立信就只做无线。我当时回答说，有线、无线将来都是个传输信息的东西，我那时还想不到信息技术后来会发生这么大的变化。基于这样的认识，我们坚持了下来，走到了今天。往前走，有线、无线这两条河就合拢了；继续往前走，还会有一个河口……这个世界就是不断把下一个河口告诉你，实际上还是这条河流。不认识到这一点，大家以为公司的战略总在变，长江流到宜昌了，大家喊我们到宜昌啦，三峡多美啊！到武汉了，大家喊我们到武汉啦，江汉平原多富饶！到南京了，说我们到了长江中下游鱼米之乡！到上海了，说我们终于走向大海了！……我们看整个过程，其实还是长江，这个主航道并没有变化。所以在这个问题上我们也要有个正确的牵引，让我们广大干部员工也能明白。华为公司在今天千军万马的时候，一定要找到出口，出口就是品牌战略做出的假设。有假设，有牵引，万江才能汇流。"

CHAPTER 5

领先半步是先进，领先三步成"先烈"

CHAPTER 5

　　在产品技术创新上，华为要保持技术领先，但只能是领先竞争对手半步，领先三步就会成为"先烈"，明确将技术导向战略转为客户需求导向战略。……通过对客户需求的分析，提出解决方案，以这些解决方案引导开发出低成本、高增值的产品。盲目地在技术上引导创新世界新潮流，是要成为"先烈"的。

——华为创始人 任正非

第 1 节　在产品技术创新上，华为要保持技术领先

在创新上，任正非有着自己的理解。在任正非看来，在产品技术创新上，华为要保持技术领先，但只能是领先竞争对手半步，领先三步就会成为"先烈"。这样的创新结果是没有价值的创新。因此，在创新过程中，任正非始终坚持领先半步，同时还必须以客户为中心。

只能是领先竞争对手半步，领先三步就会成为"先烈"

关于创新，任正非的观点非常独特，在内部讲话中，任正非告诫华为人说道："超前太多的技术，当然也是人类的瑰宝，但必须牺牲自己来完成。IT泡沫破灭的浪潮使世界损失了 20 万亿美元的财富。从统计分析可以得出，几乎 100% 的公司并不是技术不先进而死掉的，而是技术先进到别人还没有对它完全认识与认可，以至于没有人来买，产品卖不出去却消耗了大量的人力、物力、财力，丧失了竞争力。许多领导世界潮流的技术，虽然是万米赛跑的领跑者，却不一定是赢家，反而为

'清洗盐碱地'和推广新技术而付出大量的成本。"

尽管如此，对于一家企业来说，没有先进技术也是不行的。华为的观点是，在产品技术创新上，华为要保持技术领先，但只能是领先竞争对手半步，领先三步就会成为"先烈"。明确将技术导向战略转为客户需求导向战略，通过对客户需求的分析，提出解决方案，以这些解决方案引导开发出低成本、高增值的产品。盲目地在技术上引导创新世界新潮流，是要成为"先烈"的。

在这里，我们剖析一下柯达衰落的案例，就可以印证任正非的观点。众所周知，柯达率先发明数码相机，但是却坚守曾经的优势业务，结果却被数码相机以及手机照相所替代。柯达因此被时代所遗弃。

2012年1月19日，宣告着这个拥有131年历史、曾经的王牌摄影器材企业的结束，因为当天柯达正式向法院递交破产保护申请。

柯达这个摄影界的一代霸主，曾被誉为美国光荣与梦想的企业，怎么就走向穷途末路了呢？

答案就是害怕颠覆性创新砸了自己的金饭碗。20世纪70年代，作为全球最著名的胶卷生产企业，柯达已经着手研发先进的照相技术，但是却不敢大胆使用，最终走向没落，直至破产，罪魁祸首竟然是自家当初发明的数码照相技术。

1975年，柯达工程师史蒂文·萨森把世界上第一台数码相机的喜讯汇报给直属部门领导，却没有得到嘉奖，甚至被告知要严格保守商业机密，以免影响胶卷的销量。

在现在看来，这是一个非常典型的颠覆性创新案例，却因柯达的官僚主义而被忽略了。正是因为否定了这个颠覆性创新，让柯达错过了一个绝佳的引领潮头的机会。在后来的较量中，柯达走向衰败——不是因为别人发明的数码相机，而是因为害怕砸了自己的金饭碗，自己打败了自己。如今，柯达成了企业高管的警钟：在颠覆性技术侵入市场时，必须要及时回应。为什么这样说呢？那就是颠覆性创新砸了自己的金饭碗，但是也可能砸了竞争者的金饭碗，机遇与挑战同在，只要能够自我变革和转型，那么依然可以引领时代。

客观地说，柯达之所以能够创造全球传统胶卷市场的神话，是因为柯达的创新机制。据公开数据显示，柯达在鼎盛时期曾占据全球 2/3 的胶卷市场，其特约经营店遍布全球各地。正是因为这样的金饭碗，才让柯达高管患得患失，最终决策失误。

2000 年左右，随着数码成像技术的发展与普及，颠覆性技术的数码产品开始以迅雷不及掩耳之势伸展到世界各地，面对如此冲击，传统胶片市场开始渐渐地萎缩。

当柯达长期贡献业绩的传统胶片市场下滑时，柯达高层依然没有紧跟时代。学者评论道："在数字时代，没有核心技术，企业的经营就会随时处于危险的状态，过去的一切都会在瞬间贬值。数字科技的发展，无疑给以传统影像为重心的柯达带来了致命的冲击。加上管理层满足于传统胶片市场份额和垄断地位，没有及时调整经营战略重心，决策犹豫不决，错失了良机。"

2003 年，柯达的胶卷业务遭遇寒冬，其市场份额萎缩较为厉害，传统影像部门的销售利润从 2000 年的 143 亿美元锐减至 41.8 亿美元，跌幅之大让经营者绝对没有预想到。

柯达不得不重视数码业务。2004 年，尽管柯达推出六款数码相机，但是没有能够挽救其下滑的颓势，其利润率仅为 1%，传统业务的收入则萎缩了 17%。

柯达已经迷失在数码时代。2006 年，柯达把全部数码相机制造业务出售给新加坡伟创力公司。

2007 年，柯达又将医疗成像部门以 25.5 亿美元的价格出售给加拿大资产收购公司 OneXyi。

同年，柯达为了自保，不得不实施第二次战略重组，裁员达 2.8 万人，可谓"壮士断腕"。但是，英雄末路的柯达却遭遇 2008 年的金融危机，柯达的亏损竟然达到 1.33 亿美元，金融危机让凭出售资产才能勉强盈利的柯达失去了发展的机会。

2011 年 9 月，柯达公司的股价下跌至每股 0.54 美元，是有史以来最低水平。在这一年内，柯达公司股价的跌幅超过 80%，全球员工的数量减少至 1.9 万。

2012 年 1 月，柯达公司不得不向法院递交破产保护申请。此时，辉煌不再的柯达不得不进行第三次战略重组。

2013 年 11 月，柯达完成第三次重组，不过这个昔日的业界霸主地位已经一落千丈，其市值不足 10 亿美元，且大部分股权被私募股权公司和投资公司收购。

至此，柯达依然聚焦在胶卷业务板块，其客户群定位在小众电影市场；此外，柯达也向报纸印刷、包装和一些相关企业出售设备。

2015 年，柯达的营业收入为 18 亿美元，比 2014 年减少了 3 亿美元。2015 年第四季度实现净利润 2400 万美元，而上年同期亏损 4200 万美元，实现扭亏为盈。

2017 年 3 月，柯达公布 2016 年第四季度及全年财报，2016 年共实现销售收入 15 亿美元，净利润为 1600 万美元，主要产品线持续增长。

CRT Capital Group 证券公司分析师阿莫尔·蒂瓦纳剖析柯达的问题

时直言："柯达面临的问题是竞争，和技术无关。"

在他看来，尽管柯达已经赢利，但是要想重回巅峰时刻，依然还有一段很长的路要走。柯达的案例给中国企业经营者的启示是，当时代在变化时，不要害怕颠覆性创新砸了自己的金饭碗，否则，即使自己不砸自己的金饭碗，竞争者也会砸，与其让竞争者砸，还不如自己主动地迎合时代。

"我们应该演变，而不要妄谈颠覆性"

任正非在 2013 年度运营商网络 BG 战略务虚会上谈道："作为大企业，首先还是要延续性创新，继续发挥好自己的优势。不要动不动就使用社会时髦语言'颠覆'，小公司容易颠覆性创新，但作为大公司不要轻言颠覆性创新。公司现在也对颠覆性创新积极关注、响应，实际是让自己做好准备，一旦真正出现机会，我们要扑上去抓住机会。"

在任正非看来，企业要想生存与发展，必须与时俱进，但是不能过于激进。既要敢于打破自己的既有优势，同时又要形成新的优势。任正非说道："我们会不会被时代抛弃？我们要不要被时代抛弃？这是个很重要的问题。无线电通信是马可尼发明的，蜂窝通信是摩托罗拉发明的，光传输是朗讯发明的，数码相机是柯达发明的……历史上很多东西，往往创始者最后变成了失败者。这些巨头的倒下，说穿了是没有预测到未来，或者是预测到了未来，但舍不得放弃既得利益，没有勇气革自己的命。大公司有自己的优势，但大公司如果不能适应这个时代，瞬间就灰飞烟灭了。"

2012 年，任正非在惠州运营商网络 BG 战略务虚会上说道："走向新时代的延长线可能不是直线，可能要出现弯曲，就像光也会弯曲一样。过去经济学的一些经典理论，到这个新时代可能也会发生变化，过去的成功模式也要出现弯曲了。在这个拐点的时代，我们怎么去适应？大家要知道，我们公司过去在几次重大战略上可都是犯过错误的：我们曾经是否定宽带的，后来才追赶上来；包括软交换也是重新追赶上来的。华为公司现在这么大的规模，在这个时代的快速变化中，如果我们没有勇气去拥抱未来，是很危险的。"

在科技企业中，作为苹果创始人的史蒂夫·乔布斯，已经完美地塑造了与众不同的苹果文化，作为继承者的蒂姆·库克同样也在坚守史蒂夫·乔布斯的苹果文化，把苹果的创新精神延续开来。

回顾信息和通信技术发展史不难发现，人们一刻也没有停止前进的脚步，一刻也没有停止创新。学者郭晓峰在《苹果悬念：创新精神还能延续吗？》一文中谈道："从第一台电脑的惊世诞生，到如今满大街人手一部的移动手机；从纸张阅读的传统文字，到如今覆盖任何角落的互联网信息……这不仅是人类的进步，更是创新的成就，而企业就在这磨砺与不断创新中得到进步和升华。"

在郭晓峰看来，正是因为人类的创新，才有科技的进步。正如史蒂夫·乔布斯所言："领袖和跟风者的区别就在于是否创新。"

苹果的企业文化就是鼓励员工努力工作，特别强调员工个人的成就。苹果的这种企业文化使得员工能够研发和设计出令用户不可想象的产品。如苹果 II 型电脑，在当时成为全球计算机行业的标杆，甚至一度成为个人电脑的领导者，其市场份额在 1980 年底曾高达 25%。

为了鼓励创新，苹果公司打破传统的思维禁锢，甚至把反主流文化作为苹果的企业文化。百事可乐前总裁约翰·斯卡利在 1983 年担任苹果公司 CEO 后发现，苹果公司鼓励个人主义，给予员工的工作环境也是如此。苹果公司的创新源于员工的创造力，管理层的作用仅仅是为员工激发创造力服务的。

正如史蒂夫·乔布斯所言："在苹果公司，创新想法可能来自于员工在走廊上不期而遇的随意交谈，或者员工夜里 22 点半互相打电话讨论刚刚想出来的好的创意，或者是某个人产生了一个前所未有的好主意而临时召集的六人会议。"

在史蒂夫·乔布斯看来，只有创新，才能生存和发展。苹果公司推出的新产品，从来就没有过克隆其他公司产品的情况。史蒂夫·乔布斯重返苹果公司的十几年时间，苹果在个人电脑史上创造了许多第一，其中，苹果 II 型电脑和麦金托什电脑对计算机行业产生了革命性的影响。

在苹果公司的发展中，尽管遭遇数次危机，三次变更 CEO，但是创新的脚步却从未停止过。即便在经营最困难的时候，苹果公司也不曾改变创新；即便在产品非常畅销的时候，苹果公司也依然推陈出新。对创新的热爱甚至偏执，是苹果公司能够坚持到今天的一个关键因素。①

---

① 陈武朝. 苹果：创新是企业文化的灵魂 [N]. 教育时报：第 4 版，2016-03-10.

第2节　鲜花插在牛粪上，在继承的基础上创新

2015年，任正非在与法务部、董秘及无线员工座谈会上的讲话中说道："我们的使命是为人类的繁荣创造价值，为价值而创新。创新一定要为这个目的，不能为了创新而创新。首先自主创新的提法本身有片面性，我们要站在巨人肩膀上前进。如果我们自己从地上一点点爬起来，当爬到巨人肩膀上时，已经过了三千年。为了更快、更好地实现我们的目标，充分吸收利用人类的一切文明成果才是聪明人。因为这样会提高你的生命周期的效率。如果别人合理收取我们一点知识产权费，其实相对更便宜，狭隘的自主创新才是贵的。"

任正非坦言："我们不断强调自主创新，我们强调一定要开放，我们一定要站在前人的肩膀上，去摸时代的脚。我们还是要继承和发展人类的成果。"

"一定要开放，要站在巨人肩膀上前进"

在很多企业内部培训中，一些学员总是在探讨一个非常古老而有趣

的话题——为什么"鲜花"又插在了"牛粪"上？这些学员总是看到很多漂亮的、高挑的女同事嫁给了"薪水不多""身高又不高""家庭又不富裕"的"三不牛粪男"。

这些人总是很困惑，这个世界到底是怎么了？其实，答案很简单。因为牛粪能给鲜花养分，使鲜花能够更美更艳。

在很多企业中，由于资源——资金、人才、技术积累等限制，因而在创新时要尽可能地切合企业的实际发展。华为曾在创新的道路上盲目地学习与跟随西方公司，有过很多的教训。所以任正非曾在多次讲话中提到，华为长期坚持的战略，是基于"鲜花插在牛粪上"的战略，是从不离开传统去盲目创新，而是基于原有的存在去开放，去创新。鲜花长好后，又成为新的牛粪。华为要永远在基于存在的基础上去创新。[①]

在第二期品管圈活动汇报暨颁奖大会上，任正非发言道：

> 大家也很明确，华为的通信产品技术事实上好过西门子，但是为什么西门子没有我们这么多的销售人员，却有跟我们相差不大的销售额？它们产品稳定，问题少呀，而华为公司产品不够稳定，而且中央研究部不大愿意参加 QCC 活动呀。什么叫作客户满意度？客户的基本需求是什么？客户的想法是什么？他把客户的想法未经科学归纳就变成了产品，而对客户的基本需求不予理会，产品自然做不稳定。他盲目地自以为是创新，他认为做点新东西就是创新，我不同意这个看法。

---

① 中国企业家.任正非总结华为成功哲学：跳芭蕾的女孩都有一双粗腿[J].中国企业家，2014（10）.

我刚才看了"向日葵"圈，他们就是创新呀，因为把一个不正确的东西，把它不正确率大幅度下降了。他们付出了巨大努力，找到了里面的规律，就是创新。特别是我们研发系统，如果一个项目经理上台以后，生怕别人分享他的成果，因此就说这个产品的所有东西都是他这个项目组研究的。那我就给中央研究部的干部说一句话，像这样的人不能享受创业与创新奖，不能因为创业、创新就给他提升晋级，而且他不能做项目经理，他实在幼稚可笑。

华为公司拥有的资源，你至少要利用到70%才算创新。每一个新项目下来，就应当是拼积木，只有最后那一点点才是不一样的，大多数基础都是一样的。由于一些人不共享资源地创新，导致我们很多产品进行了大量的重复劳动，根本就不能按期投产，而且投产以后不稳定。

上一次我看了"中央研究部"有一个组织奖，这一次看来还有一个物料清单（中试水晶）组得奖，所以我想，我们很快要开展什么叫作核心竞争力、什么叫作创业、什么叫作创新的大讨论。我希望每个人都要发言，特别是你们做了小改进的。你光看他搞了一个新东西那不是创新。

我刚才讲了研发系统，有些项目研发的时候连一个简单东西都自己开发，成本很高，他不是创新，他是消耗、浪费了公司的宝贵资源。一家大公司，最体现降低成本的措施就是资源共享。人家已经开发的一个东西我照搬过来装进去就行了，因为没有技术保密问题，也没有专利问题，装进去就行了，然后再适当做一些优化，这样才是真正的创新。那种满脑子大创新的人实在是幼稚可笑的，是没有希望的。

我们非常多的高级干部都在说空话，说话都不落到实处，"上有好者，下必甚焉"，因此产生了更大一批说大话、空话的干部。现在我们就开始考核这些说大话、空话的干部，实践这把尺子，一定能让他们扎扎实实干下去，我相信我们的淘汰机制一定能建立起来。①

任正非始终强调创新要坚持传统，基于原有的存在去开放，去创新，而不是去盲目创新。在任正非看来，企业的竞争实质不仅仅是专利技术的竞争，同时还是具体情况具体分析的创新。

任正非是这样解释的："我的一贯主张'鲜花是要插在牛粪上'。我从来不主张凭空创造出一个东西、好高骛远地去规划一个未来看不见的情景，我认为要踩在现有的基础上前进。……世界总有人去创造物理性的转变，创造以后，我们再去确定路线。我们坚持在牛粪上去长出鲜花来，那就是一步一步地延伸。我们以通信电源为起步，逐步地扩展开。我们不指望天上掉下林妹妹。"

"技术领先不能放在最高的位置，技术只是一个工具。"

在任正非看来，企业研发必须要从对科研成果负责转变为对产品的商业成功负责。"技术领先不能放在最高的位置，技术只是一个工具。"

---

① 任正非 . 任正非在第二期品管圈活动汇报暨颁奖大会上的讲话，2010.

为此，任正非在内部讲话中谈道："'神奇化易是坦途，易化神奇不足提。'数学家华罗庚这一名言告诫我们不要把简单的东西复杂化，而要把复杂的东西简单化。那种刻意为创新而创新，为标新立异而创新，是我们'幼稚病'的表现。我们公司大力倡导创新，创新的目的是什么呢？创新的目的在于所创新的产品的高技术、高质量、高效率、高效益。从事新产品研发未必就是创新，从事老产品优化未必不能创新，关键在于我们一定要从对科研成果负责转变为对产品的商业成功负责。"

2015 年 3 月，夜幕下的荷兰最大的足球场——阿姆斯特丹球场在 5 万多名球迷涌入后顿时淹没在阵阵呐喊和助威声中，与之交相辉映的"HUAWEI（华为）"的巨幅广告随处可见。作为该球场的赞助商，华为为荷兰构建了最大的 Wi-Fi 网络，可为 5 万多名球迷提供免费无线网的接入。

华为的胜利，意味着中国制造成功地向中国创造转变、中国速度向中国质量转变、中国产品向中国品牌转变。当然，这个转变的背后是华为在 170 多个国家和地区扎根成长。在全球排名前 50 位的电信运营商中，45 家与华为保持长期战略伙伴关系，全球 1/3 的人口在用华为提供的网络和设备打电话、上网、与世界连接，享受低价优质的信息服务。

华为是通过何种手段取得如此业绩的呢？答案就是推动有价值的创新。对于任何一家企业来说，谁占领了技术和市场的制高点，谁就能够决胜未来。在当下的 4G 应用、5G 标准的制定上，中国企业不输国外跨国企业，处于领先的地位，成为"5G 技术的领跑者"。

任正非在内部讲话中曾说道："华为是在最热门的行业中与最强大的欧美霸主竞赛的。过去十年，华为的创新发展彻底颠覆了全球通信业的格局，在超越摩托罗拉、阿尔卡特、朗讯等强劲对手的道路上，华为不仅没有倒下，反而成为领跑者，登上了行业的珠峰。"

2014 年，一篇名为《华为中兴给小米等发函维权 国产手机将打专利战》的文章再次搅动着手机行业这根较为脆弱的神经。一些分析师认为，此举是中兴、华为以侵犯专利为由来遏制小米等手机品牌海外扩张。

这样的看法看似有道理，其实并不然。客观地讲，小米国际化，专利是不得不迈过的一道坎。比如，小米的外观设计，让很多消费者一看就知道是在借鉴苹果的产品，不仅仅是小米手机，而且小米平板也借鉴苹果的 iPad。因此，我认为，阻击小米的不是华为和中兴，而是苹果和三星。

数据显示，截至 2012 年第三季度，诺基亚公司已经连续六个财季亏损。在此刻，如果我是诺基亚的企业股东，我现在做的第一件事情就是让史蒂芬·埃洛普滚蛋，因为自 2010 年 9 月 21 日担任诺基亚总裁兼首席执行官以来，诺基亚不仅没有保住霸主的地位，相反，还让一个山寨大王三星抢占了风头。

这是一件非常不能容忍的事情。如果诺基亚败给苹果，这个现实至少我能接受，毕竟苹果的外观设计和 ios 系统的用户体验要比诺基亚好一些。而败给三星的现实却不能接受。

可能读者会问，为什么败给苹果可以接受，败给三星却不能接受呢？这主要是因为三星靠模仿苹果的外观设计赢得了这一轮较量的胜利。

三星的手机与平板电脑，从外观上来看，与苹果同类型产品十分相似，这也就是 2011 年 4 月，苹果指控三星电子侵犯了其智能手机多项专利的原因。在经过长达一年多的诉讼后，三星最终败诉，被判向苹果支付高达 10.49 亿美元的罚金。①

2010 年对于诺基亚和三星来说都是一个分水岭。《南方周末》记者就曾披露过三星外观设计的转型。但 2010 年之后，三星的战略就发生了变化。三星中国公司的一位内部员工告诉《南方周末》记者，以前他们研究的目标主要是诺基亚，所有的努力都集中于翻盖、直板和滑盖元素，但三星的用户体验与苹果 iPhone 对比时，却存在天壤之别。据这位员工透露，危机感和紧迫感促使三星的设计师和工程师采用了最符合 iPhone 外观和感觉的理念。②

《南方周末》还谈道，2010 年，三星推出了首款搭载 Google Android 系统和自家 TouchWiz 用户界面的 Galaxy S 手机。与以往同时推出多款机型不同的是，这一次，三星并没有推出多个型号，而只将这一款手机作为自家的旗舰产品，几乎与苹果的战略如出一辙。③

研究发现，2011 年到 2013 年，苹果与三星的专利对决已经日趋激烈化，不仅双方在全球发起了数十场专利诉讼，"禁售""索赔"等字眼也不断出现。在国际化进程中，当初三星面临的问题，如今的小米也在同样遭遇。业内人士认为，随着国内手机市场竞争的白热化，专利作为竞争手段也只是时间的问题。

对此，时任中国专利保护协会秘书长的胡佐超认为："中国企业需要明确的是，专利申请是市场竞争的要求和结果。对于企业来说，专利并不一定非要是发明创造，只要有市场和商业价值，就是有用的

---

① 陈新焱，周冯灿.三星靠什么赶超苹果[N].南方周末，2012-12-01.
② 同上.
③ 同上.

专利。"

在创新型企业试点工作会议上，时任科学技术部部长的徐冠华坦言："当今时代，全球科技创新成果不断涌现，科技竞争日益激烈，科技进步与创新已成为影响和推动世界经济、政治格局的主导性力量。在此过程中，创新能力强的跨国公司成为全球经济和科技活动的主角之一。"①

徐冠华举例说，据统计，全球跨国公司的总数已超过 6 万个，产值约占全球总产值的 1/4，贸易额占国际贸易额的 60%，技术贸易占 60% ~ 70%，专利和技术许可费占 98%。当今世界经济强国，其竞争力主要就是体现在掌握核心竞争力的跨国公司身上，如美国的通用、微软、英特尔，德国的大众、西门子、博世，日本的丰田、索尼、松下，韩国的现代、三星、LG。特别是作为后发国家的日本、韩国，在二战后不到 30 年的时间里就步入世界经济强国和创新型国家的行列，正是得益于一批创新型企业群体的骨干和引领作用。②

研究发现，在中国改革开放 30 多年的时间里，在改革开放中成长起来的一批企业，也充满了创新活力，而且正在高速地成长，如华为、格力、中兴通讯、海尔、联想、奇瑞、吉利、华中数控、神华、宝钢等。

资料显示，华为持续以超过 10% 的销售收入投入研发，现有 6 万多名员工中有 48% 从事研发，2006 年研发投入超过 70 亿元，累计已申请专利 19000 余件，获得专利授权 2700 余件。③

---

① 徐冠华. 徐冠华在创新型企业试点工作会议上的讲话 [N]. 科技日报，2007-02-27.
② 同上.
③ 同上.

在中国企业中，除了华为，格力电器也同样注重研发，据公开资料显示，2011年至2012年，格力电器仅仅用于空调相关技术研发的费用投入都超过30亿元。不仅如此，格力电器目前拥有5000多人的技术研发队伍、400多个国际一流的实验室。此外，格力还创立了制冷技术研究院、家电技术研究院和机电技术研究院等多个技术研发中心，为将来的科技创新提供源源不断的技术支持。[①]

正是因为格力电器重视研发和产品创新，才取得了重大创新——在国内外拥有技术专利超过8000项，其中发明专利2000多项，9项"国际领先"水平的科技成果，是中国空调企业中拥有技术专利最多的企业。

对此，天津大学教授马一太在接受媒体采访时高度评价了格力电器重视研发的做法："近年来，格力多次打破国际的技术垄断，从国内领先到国际领先，先后发布了双级变频压缩技术、1赫兹变频技术、高效直流变频离心机等一批重量级的自主创新成果。"马一太教授还表示，"格力让中国空调变成全球制冷业的主旋律，为民族空调品牌走向世界做出了卓越贡献。"

---

① 申明. 格力电器：挺起中国制造的创新脊梁 [N]. 科技日报，2013-03-08.

第 **6** 章

专注研发，技术引领

CHAPTER 6

　　我们要舍得打炮弹，把山头打下来，下面的矿藏都是你的了。在功放上要敢于用陶瓷芯片，要敢于投资，为未来做准备。我们公司的优势是数理逻辑，在物理领域没有优势，因此不要去研究材料。我们要积极地合作应用超前技术，但不要超前太多。我们要用现代化的方法做现代化的东西，敢于抢占制高点。有的公司怎么节约还是亏损，我们怎么投入还是赚钱，这就是作战方法不一样。

——华为创始人 任正非

第 1 节 "我们要舍得打炮弹，把山头打下来，
下面的矿藏都是你的了"

根据华为发布的 2015 年的财报显示，华为 2015 年的研发投入达到 596 亿元人民币（市值 92 亿美元），占销售收入的 15%，比 2014 年增加了 188 亿元人民币，同比增长 46.1%。这组数据足以说明，在研发投入方面，任正非从来就不吝啬。2013 年，华为在研发方面的投入达到 307 亿元人民币，约合 51 亿美元，同比增长 3.1%，占全年销售收入的 12.8%，2014 年，华为研发投入 408 亿元人民币（市值 66 亿美元），占当年营收的 14.2%，较 2013 年大幅增长 29.4%。

"我们要舍得打炮弹，把山头打下来，
下面的矿藏都是你的了"

任正非深知华为自身的专利组合综合实力不强，于是不得不加大对华为的技术创新投入。这给华为的专利突破提供了动力。

根据华为方面的数据显示，截至 2015 年底，华为累计已授权专利

30924 件，美国授权专利 5052 件，欧洲各国累计授权专利 11474 件。

根据高专利申请量与高专利授权量两个指标来判定华为是"专利大户"才更科学。

当然，要想成为"专利大户"可不容易，任正非在内部讲话中说道："华为 28 年坚定不移只对准通信领域这个'城墙口'冲锋。我们成长起来后，坚持只做一件事，在一个方面做大。华为只有几十人的时候就对着一个'城墙口'进攻，几百人、几万人的时候也是对着这个'城墙口'进攻，现在十几万人还是对着这个'城墙口'冲锋。密集炮火，饱和攻击。每年 1000 多亿元人民币的'弹药量'炮轰这个'城墙口'，研发近 600 亿元人民币，市场服务 500 亿元人民币到 600 亿元人民币，最终在大数据传送上我们领先了世界。引领世界后，我们倡导建立世界大秩序，建立一个开放、共赢的架构，有利于世界成千上万家企业一同建设信息社会。"[①]

华为的研发创新战略与中国的国家创新战略遥相呼应。《2006～2010 建设创新型国家白皮书》报告称，2006 年伊始，胡锦涛总书记提出扎实完成建设创新型国家的重大战略任务，2006～2020 年，将是中国通过不断的努力进入创新型国家的战略机遇期，由此为全面建设小康社会提供强有力的支撑。这十五年，将横跨三个"五年规划期"，真正通过转型与创新发展，从初步纳入科学发展的轨道到全面纳入科学发展的轨道。自胡锦涛总书记 2006 年讲话以来，五个方面创新工作渗透到社会经济各领域，包括：实施正确的创新指导方针；提高原始创新、集

---

① 赵东辉，李斌，刘诗平，等.对话任正非：28 年只对准一个城墙口冲锋 [N].新华社，2016-05-09.

成创新、引进消化吸收再创新等自主创新能力；深化体制机制改革；培养造就创新人才队伍；发展创新文化与精神等。[①]

在国家创新战略的引领下，专注研发和申请专利的企业越来越多，甚至连中国芯片的专利也增长迅速。据法国 QUESTEL 公司亚太区咨询部发布的《芯片行业专利分析及专利组合质量评估》报告显示，中国近十年芯片专利增长惊人，已成为芯片专利申请数量的第一大国。

当然，中国专利数量的增加意味着投入的加大。根据福布斯杂志数据显示：2015 年华为的研发投入为 92 亿美元，占全年营收的比例高达 15%。

相比苹果 2015 年的研发支出 85 亿美元，华为还要多 7 亿美元，苹果的研发支出仅占其 2330 亿美元营收的 3.5%。

为了赢得专利战，华为在全球拥有研发中心 16 个，全球研发人员约为 7.9 万名，占华为公司总人数的 45%。过去十年（2006 年至 2015 年）华为研发投入累计已超过 2400 亿元人民币。[②]数据显示，在中国通信领域，华为和中兴这两家企业拥有的专利数量最多，都属于研发投入较高的典型。

2016 年，华为再次取得佳绩，其销售收入达到 5200 亿元人民币，同比增长 32%。2016 年研发投入 608 亿元人民币，超过苹果，华为的自主研发优势充分显现。

据欧盟委员会 2016 年 12 月底发布的"2016 全球企业研发投入排行榜"，华为以 83.58 亿欧元（市值 608 亿元人民币）研发投入位居中国第一、世界第八，见表 6-1。

---

① 建设创新型国家战略推进委员会 .《2006—2010 建设创新型国家白皮书》.
② 阮直 ."苹果"被谁咬下了一口 [N]. 银川日报，2016-05-18.

表 6-1 2016 全球企业研发投入排行榜 TOP10

企业研发投入排名	公司	总部	研发费用 / 亿欧元
1	大众	德国	136.12
2	三星	韩国	125.28
3	英特尔	美国	111.4
4	Alphabet	美国	110.54
5	微软	美国	110.11
6	诺华	瑞士	90.2
7	罗氏	瑞士	86.4
8	华为	中国	83.58
9	强生	美国	83.09
10	丰田汽车	日本	80.47

这样的投入印证了任正非的观点——"我们要舍得打炮弹，把山头打下来，下面的矿藏都是你的了。在功放上要敢于用陶瓷芯片，要敢于投资，为未来做准备。我们公司的优势是数理逻辑，在物理领域没有优势，因此不要去研究材料。我们要积极地合作应用超前技术，但不要超前太多。我们要用现代化的方法做现代化的东西，敢于抢占制高点。"

当然，任正非之所以这样舍得投入，是为了集中在电信领域的研发以确保其大规模基础设施供应商的领先地位。

除华为外，中兴的研发投入也成绩斐然。据中兴 2015 年的年报显示，中兴在 2015 年的研发投入为 122.01 亿元人民币，占收入比例的 12.2%，同比上升 35.4%，主要是加大了 5G、高端路由器、LTE、核心芯片等产品的研发投入。尤其是在 2015 年，中兴加大对芯片等核心上游技术领域的布局，通过立足管道、拓展终端，布局大数据、云、物联网和可穿戴市场，建立起全方位竞争优势，并在 2015 年跻身国内行业前三。在高端路由器芯片领域，中兴微电子实现软件和核心芯片全面自主研发，成为全球范围量产高端路由器芯片的极少数企业之一。

　　很多企业常常把创新挂在口边，有的企业装模作样地把创新写进企业的纲领里，但是真正地落到实处时，尤其是持续地投入真金白银用于创新时，很多企业就开始打退堂鼓了，敢于真正投入搞创新的企业少之又少。

　　众所周知，对于任何一家企业来说，要想基业长青和永续经营，企业必须拥有核心竞争力以及自主创新产品。一般地，企业的竞争力包含创新动力、创新能力、创新意识三个方面。遗憾的是，中国多数企业不但缺乏科研技术实力和新产品开发能力，而且企业管理者还缺乏创新意识。

　　根据国家统计局的问卷调查数据结果显示，2015 年上半年，竟然有 85.9% 的中小微企业在年内没有任何创新活动。在有创新活动的企业中，创新资金投入占总收入的比重在 10% 及以下的企业多达 72.3%，其中，占比在 1% 及以下的企业达到 28%，创新资金投入同比增加的企业比重为 43.5%，比 2014 年下降 4.6 个百分点。此外，中小微企业在营销手段方面的创新明显滞后，仅 15.6% 的企业开展了电子商务营销。[①]

　　问卷调查显示，在有科技开发活动的中小微企业中，86.9% 的企业研究开发资金来自于内部自筹，通过银行贷款的企业接近 20%。除以上两种方式外，资金来源于资本市场、国内外合作等其他方式的企业比重较低，而仅有 9.6% 的企业研发资金来源于政府资金投入，表明研发资金来源单一，政府资金支持力度有限，中小微企业创新活力受到一定限制。在影响企业技术创新的首要因素中，资金紧张、融资困难

――――――――
① 梁达 . 研发投入对创新创业有超常作用 [N]. 上海证券报，2015-12-11.

认同率达到 40.5%,已连续多年位居第一。中小微企业要保持长期可持续发展,不能仅依靠自身"造血"和金融体系扶持,还应多渠道拓展研发资金来源。①

数千亿研发投入换来技术领跑

在企业家论坛上,很多中国企业家的讲话很少谈起企业的研发投入,他们最擅长的、谈论最多的就是营销。在他们看来巨额的研发投入简直就是浪费。

当这些企业一旦遭遇困境,这部分企业家首先想到的是压缩研发投入,曾经制定的整个战略规划也因此被打乱。

与这些企业迥然不同的是,华为的研发投入占营收比例在逐年提高,从过去的 10%,2015 年竟然提高至 15%。2015 年,华为 596 亿元人民币的研发投入排名全球前五。

当然,正是因为华为对未来技术不计成本的巨额投入,才让华为成为一个拥有无数尖端科技的企业。如麒麟芯片的成功研制,在一定程度上缓解了华为"缺芯少魂"的尴尬局面。目前,麒麟芯片已应用在华为的高端手机中,其性能处于行业领先。数据显示,截至 2015 年 12 月,麒麟芯片累计发货量超过 5000 万颗。

在面向未来的研究和创新上,华为持续加大投入,过去十年中,华为在研发上共计投入超过 2400 亿元人民币。在《华为 2008 年年报》中,

① 梁达.研发投入对创新创业有超常作用 [N].上海证券报,2015-12-11.

华为明确了加大研发力度的方案："华为坚持以不少于销售收入 10% 的费用投入研究开发，并将研发投入的 10% 用于前沿技术、核心技术及基础技术的研究。我们在全球设立了 14 个研究所，这使我们可以充分利用全球优秀人才与技术资源平台，构筑华为强大的研发优势。"正是这样的投入，让华为在 ICT 的热点前沿技术上取得了领先，拥有很多"黑科技"。

为了更好地专注研发，华为在世界范围内创建 16 个全球研发中心，其研发人员多达 7.9 万人，占公司总人数的 45%。这样的比例在世界科技公司中是非常高的。

当然，华为如此大的研发投入，也取得了期望的回报。仅仅在专利申请上，就收获不小。根据华为 2015 年的财报显示，华为累计申请了52550 件国内专利和 30613 件外国专利，专利申请总量位居全球第一。

2015 年，华为专利申请数量全球排名第一

与华为相反的是，诸多中国企业经营者都知道创新对企业发展的巨大作用，但是在实际的研发中往往投入不足。中国企业的这个严峻问题引起了时任中国企业评价协会副秘书长李春伟的重视。

在 2008 年中国企业自主创新评价报告发布会上，李春伟表示："我国企业的自主研发经费占销售收入比例的平均值仅为 3.8%，发达国家的经验表明，研发经费的投入只有占到企业销售收入的 5% 以上，企业才有竞争力，2% 的企业只能够勉强生存，而 1% 则很难生存。"

据调查数据显示，在"2008 年中国企业自主创新 TOP100"名单

中，约 20 家企业的研发投入与销售收入的比例不足 2%，仅有约 40 家企业的比例超过 5%。TOP100 企业的生产设备先进程度分布情况为：国际先进生产设备约占 22%，国际一般生产设备约占 17%，国内先进生产设备约占 34%，国内一般生产设备约占 21%，其他生产设备约占 6%。①

中国企业评价协会研究专员冯陈晨在接受媒体采访时坦言，中国企业自主研发经费投入的比例太低了。冯陈晨的理由是："TOP100 企业尚只能达到如此水平，其他企业的情况可想而知。来看看几个跨国企业的研发投入水平，总部设在德国的化工业巨头拜耳公司，每年的研发投入与销售收入的比例都保持在 7% 以上；同样位于德国的电子电器类巨头西门子公司的研发投入与销售收入的比例也都保持在 8%，有时甚至达到了 10% 以上。"

中国企业与国外的创新企业相比，明显存在资金投入和研发能力不足等问题。很多中国企业依然倾向"轻技术，重销售"。

华为在 2006 年的研发投入就达到了 68 亿元人民币，尽管华为不是上市公司，但是在研发费用投入这一块，华为的投入都是巨大的——从 2006 年到 2015 年，华为累计投入超过 2400 亿元人民币。

因为任正非清楚，华为研发的动力是为了更好地生存。在当时，任正非认为华为危机重重，其理由是："华为有 5000 多项专利，我们每天产生 3 项专利，但我们还没有一项应用型的基本专利。"

为了能够更好地推动创新，华为坚持把每年收入的 10% 投入研发。2006 年，华为的"下一代网络"（Next Generation Network，简称 NGN，

---

① 陶涛.企业自主研发经费仅占销售收入 3.8%[N]. 中国青年报，2009-07-13.

又称为次世代网络）亏损超过 10 亿元人民币、3G 亏损超过 40 亿元人民币。

尽管两个项目面临严重亏损，但是任正非对技术研发的投入丝毫没有动摇。根据《华为 2008 年年报》显示，截至 2008 年 12 月底，华为累计申请专利 35773 件，包括中国专利申请 26005 件、国际专利申请 5446 件和国外专利申请 4322 件。

2009 年，在 4G 领域，华为更是凭借 147 件专利跻身全球第四，在全球电信设备商中位居第二，在截至 2009 年 8 月底的 1272 件全球 LTE 专利申明总数中，华为占到 12% 的份额。LTE 优势让华为进一步获得了突破欧美等主流市场的利器。北美是目前华为唯一没有实现大规模突破的战略性市场。[①]

2013 年，华为向欧洲专利局递交了 1077 份欧洲专利申请，位列全球第 11 名。截至 2013 年 12 月，华为在欧洲的专利数量已经达到 7300 项。

2015 年，华为专利申请数量全球排名第一。根据世界知识产权组织（WIPO）发布的数据显示，2015 年，通过 WIPO 专利合作条约（PCT）提交的专利国际申请增长 1.7%，增至 21.8 万件，创下新的年度纪录。其中，来自中国的创新企业专利申请也依然在总体增长中占较大比重。如中国华为以 3898 件已公布 PCT 申请连续第二年居于榜首，较 2014 年多 456 件。

---

① 马晓芳 . 华为购加长奔驰服务客户 专利申请全球第一 [N]. 第一财经日报，2009-12-31.

第2节　技术开发的动力是为了生存

在华为的内部讲话中，任正非谈道："回顾华为十年的发展历程，我们体会到，没有创新，要在高科技行业中生存下去几乎是不可能的。在这个领域，没有喘气的机会，哪怕只落后一点点，就意味着逐渐死亡。"

在任正非看来："信息产业进步很快。它在高速发展中的不平衡，就给小公司留下了许多机会。不像一些传统产业，如飞机制造，它的设计理论已进入经典热力学，大公司充满了经验优势。而且数十年来，他们申请了无数的专利，使这种优势法律化。绕开专利，制造成本就会很高，没有竞争力。完全购买人家专利，如何能够超越。没有一场技术革命，没有新的技术突破，超越这些传统公司，越来越困难。而且，你没有理由一定会比他们做得好。"因此，华为要想更好地生存，就必须重金支持研发。因此，任正非直言不讳地说："华为最基本的使命就是活下去。技术开发的动力是为了生存。"

拥有自主的核心技术，才能在竞争中赢得主动

2013 年 12 月 25 日在北京举行的"第十三届中国经济论坛"上，中国经济论坛专家、国家能源局原局长张国宝在演讲中这样介绍了华为的成功之道：

> 我再讲两个故事。一个就是华为。华为任正非、孙亚芳等几个人创业的时候，我就认识他们，华为一直走到现在，很了不起。
>
> 早年的时候，刚改革开放我和一些领导人出访到了一些国家，我和赵东宛同志，陪他到日本去看数字交换机，叫模拟式交换机，日本人淘汰下来的。那时候华为刚开始有几个人创业，我们到了加拿大去参观北方电信，这家公司在美国和加拿大的边境上有一片景色优美的风景区，有湖泊，生活条件非常好。
>
> 北方电信有 4000 名研发人员，其中也不乏在美国、加拿大留学后留在那里工作的中国人。当时我一看以后，我的心基本上凉了，我认为我这辈子可能看不到中国企业能赶超人家的希望。首先硬件条件就没办法提供给我们的研发人员，那个地方能够吸引那么多的科研人员，我们哪有那个条件？我们暂时做不到。所以我觉得估计在我这辈子没有多大希望了。但是我预计错了，现在的华为早已把北方电信竞争下去了，北方电信现在没了。当年的北方电信、网讯这一批企业现在很弱势了。
>
> 华为为什么能做到这样？我也搜集了一些材料。华为确

实在创新方面下了很大的功夫,我也搜集了一些数据。2012年华为销售收入是2201亿元人民币,研发费300亿元人民币,占销售收入比值13.6%。一般讲国际上企业如果能拿出3%的销售收入来搞研发就不错了,是5%的话更好了,说明你重视研发。但是华为的研发费用比例高达13.6%,这个在一般的工业企业当中可以说非常少。同时华为也认识到自有知识产权技术的重要性,开展了专利技术战略,他们老跟人打官司,大家都知道,原来思科在路由器上跟人打了一场官司,最后庭外和解,但是这个问题没有根本解决。他们意识到了自有技术的重要性,所以就开展了叫作专利技术战略。到了2012年底,华为累计申请中国专利41948件,其中在外国申请的专利是14494件,累计获得专利授权30240件。所以正是由于高强度的创新投入,华为才能够脱颖而出,成长为一个世界瞩目的高技术公司,它可能还有别的一些因素,但是我认为创新肯定是非常重要的。因为华为并不是很寄希望于政府对华为的支持。

华为小有名气的时候,朱镕基总理曾去视察,一看公司不错,朱镕基马上表态,"你要什么条件我支持你,你资金紧张,给你解决3亿人民币贷款好不好?"任正非当着朱镕基面说好好,但是我看得出来他并不是很积极。等到回来以后,我们坚决落实朱镕基总理指示要给他贷款,他不要,他不愿意跟你(政府)挂得太紧。到现在他都不上市,所以他并不是非常希望政府一定要跟他挂得那么紧,相反他在创新上下了很多功夫。

作为中国经济论坛专家、国家能源局原局长的张国宝如此大篇幅地介绍华为，足以说明华为在研发上的巨大投入，以及对专利战略的重视。

大量事实证明，要想在与跨国公司的较量中赢得竞争，就必须拥有自主知识产权和核心技术。因为这是企业立足企业丛林的根本。

由于历史的原因，中国没有重视和保护自主知识产权，结果使得很多技术被国外企业占据，而中国也为此支付昂贵的代价。

在《华为公司的核心价值观》一文中，任正非就曾举例说："20 世纪 50 年代，中国科学院的吴仲华发明了叶轮三元流动理论，西方国家利用这个理论发明了喷气涡轮风扇发动机。邓小平同志 20 世纪 70 年代到英国引进罗尔斯·罗伊斯发动机生产的时候，英国向我国转让了此项技术。邓小平同志站起来感谢英国对中国的支持，结果英国的科学家全都站起来向中国致敬，因为这项技术的发明者是中国人。邓小平回来找到这个人，才知道这个人在'五七'干校养猪。这个理论来自中国，但我们并没有重视申请专利。如果申请专利的话，我们中国在航空发动机方面就有一席之地。"

任正非还举例说："1958 年，上海邮电一所就提出了蜂窝无线通信，就是现在无线移动通信技术基础的基础，也没有申请专利。因为那时连收音机都没有普及，谁会理解这项发明的巨大意义，想到这个东西今天会普及到全世界。"

然而，任正非所担心的事情却依然在很多中国企业中天天发生——要么是知识产权保护不力，要么是研发投入不足。

时任科学技术部部长的徐冠华在《创新型企业试点工作会议上的讲话》中谈道："据统计，2000 年我国企业研发经费支出仅为 537 亿元人民币，到 2005 年已增长到 1674 亿元人民币，年均增长 42%；2000 年国内企业获得职务发明专利授权仅占国内职务发明授权总数的 28%，2005 年已提高到 52%。但从总体上看，我国企业的技术创新能力还比较薄弱，远未成为技术创新的主体。2005 年我国大中型工业企业研发投入强度仅为 0.76%，开展科技活动的仅为 38.7%，有研发机构的仅占全部企业的 23.7%。国内拥有自主知识产权核心技术的企业仅为万分之三，98.6% 的企业没有申请专利。"[①]

近几年，中国企业屡屡遭受来自海外企业的专利诉讼。在当今全球化的竞争环境下，企业技术创新能力不仅直接关系到企业在国际产业分工体系中的地位，而且也影响企业的生存和发展。近年来，我国对外贸易发展迅速，但许多产品和产业未能摆脱以廉取胜、以量取胜的传统模式。DVD 行业、手机行业、电视机行业等相继出现的对外贸易困局，表面上看是外国政府和企业联手打压的结果，但本质上还在于我国企业缺乏技术创新能力，缺乏自主知识产权。

有数据表明，中国 DVD 的生产占世界的 70%，但是出口一台价格29 美元的 DVD 机，要向外国公司交纳 12~15 美元的专利费；贴牌生产手机的专利费约占到售价的 20%。由于缺乏开发新产品、开拓新市场的技术能力，许多企业难以摆脱降低成本、降低价格的恶性竞争局面。能否尽快实现从低附加值的加工组装环节，向高附加值的研发设计、品牌经营、供应链管理等环节攀升，已经成为中国众多产业和企业生死存亡的关键。[②]因此，对于任何一家企业而言，只有拥有自主的核心技术，

---

① 徐冠华.徐冠华在创新型企业试点工作会议上的讲话 [N].科技日报，2007-02-27.
② 同上.

才能在竞争中赢得主动。

技术开发的动力是为了更好地生存

2010 年 11 月 29 日，华为正式面向全球发布了云计算战略及端到端的解决方案。其云计算解决方案包括 Single CLOUD 云平台解决方案和电信应用云解决方案。在发布会上，任正非发言时表示："我们在云平台上要在不太长的时间里赶上、超越思科，在云业务上我们要追赶谷歌。让全世界所有的人，像用电一样享用信息的应用与服务。"

是什么样的底气让任正非断言在云平台上要在不太长的时间里赶上、超越思科，在云业务上追赶谷歌呢？究其原因，是基于存在的基础上去创新研发。

在发布会上，任正非还谈道："华为长期坚持的战略，是基于'鲜花插在牛粪上'战略，从不离开传统去盲目创新，而是基于原有的存在去开放，去创新。鲜花长好后，又成为新的牛粪，我们永远基于存在的基础上去创新。在云平台的前进过程中，我们一直强调鲜花要插在牛粪上，绑定电信运营商去创新，否则我们的云就不能生存。我们首先是基于电信运营商需求来做云平台、云应用。与其他厂家从 IT 走入云有不同。我们做的云，电信运营商马上就可以用，容易促成它的成熟。"

在任正非看来，华为能够存在，是华为从不离开传统去盲目创新的结果。著名管理专家王育琨在《1000 亿华为的六个支点》一文中写道："存在是意志的产物。"英国生物学家理查德·道金斯发现，在人类的社会生活中存在一种与生物基因同等功能的文化基因——米姆，是米姆推动着社会进化的进程。借用道金斯的发明，我们把华为硬汉们以技术为本的精神称为"华为米姆"。

任正非毅然选择了一条充满风险、技术自立、发展民族高新技术的实业之路。在当时的中国交换机市场上，大型局用机和用户机基本来自国外的电信企业及其在国内的合资企业，在通信圈中的人都非常清楚这个行业的风险性。所以，很多人不理解为何华为公司放着唾手可得的钱不赚，却去劳神耗财地搞科研，"实在太傻了"。①

面对这样的评论，任正非却有自己的见解，任正非解释说："华为最基本的使命就是活下去。技术开发的动力是为了生存。"

任正非的判断是正确的，在通信行业，一个铁的法则是谁掌握了核心技术，谁就掌握了市场竞争的战略高地。唯有立于核心技术这个战略高地，才可以势不可当。华为还在刚刚能吃饭的时候，就义无反顾地把大量的资金投入研发，投入强度一直保持在利润额的 10% 以上。华为拥有超过 1 万人的研发队伍，其研发经费的 70% 用于基于当前客户的产品研发，尤其重视运营商具体问题的解决方案。近几年的投入都是每年 70 亿元人民币以上。②

任正非重研发的举动得到了一批中国企业家的认可。如联想的杨元庆。2001 年，杨元庆参观华为时，任正非接待了他，当杨元庆把自己要加大研发投入，做高科技的联想的想法告知任正非后，任正非告诫杨元庆说道："开发可不是一件容易的事，你要做好投入几十个亿，几年不冒泡的准备。"

---

① 王育琨 .1000 亿华为的六个支点 [EB/OL].http://wangyukun.blog.sohu.com.
② 同上 .

创新要宽容失败，
给创新以空间

CHAPTER 7

对未来的探索本来就没有"失败"这个名词。不完美的英雄，也是英雄。鼓舞人们不断地献身科学，不断地探索，使"失败"的人才、经验继续留在我们的队伍里，我们会更成熟。我们要理解歪瓜裂枣，允许黑天鹅在我们的咖啡杯中飞起来。创新本来就有可能成功，也有可能失败。我们也要敢于拥抱颠覆。鸡蛋从外向内打破是煎蛋，从里面打破飞出来的是孔雀。

——华为创始人 任正非

第 1 节 创新要宽容失败，给创新以空间

在世界经济论坛 2016 年新领军者年会上，国务院总理李克强出席开幕式时说道："中国政府大力倡导创新，不仅包括技术创新，也包括体制创新，给人才以更多的创新空间，并且宽容失败。我们正在推动大众创业、万众创新，努力把几乎所有人的潜能尽可能地发挥出来。在我们的现实社会当中，即便是一些天生智力有障碍的人，也可能在某些方面表现出天才，我们要珍惜每一个人的创造力。"

2001 年，任正非在内部讲话中说道："所谓允许创新，还要提倡功过相抵，允许犯错误，允许在资源配置上有一定的灵活性，给其创新空间。不允许功过相抵，就没有人敢犯错误，就没有人敢去冒险，创新就成了一句空话。"

"所谓允许创新，还要提倡功过相抵，允许犯错误"

众所周知，对于任何一家企业来说，创新都是一件极具风险的事情，因为绝大部分的技术创新都可能会由于诸多原因而失败。这样的结

果，不论对创新者来说，还是对其就职的企业来说，一旦没有承受技术创新失败的担当，不仅会打击创新者本人，同时也可能让其就职的企业遭受重创，从此不敢创新，止步不前。

任正非在内部讲话中坦言：

华为过去是一个封闭的人才金字塔结构，我们已炸开金字塔尖，开放地吸取"宇宙"能量，加强与全世界科学家的对话与合作，支持同方向科学家的研究，积极地参加各种国际产业与标准组织、各种学术讨论，多与能人喝喝咖啡，从思想的火花中，感知发展方向。有了巨大势能的积累、释放，才有厚积薄发。

内部对不确定性的研究、验证，正实行多路径、多梯次的进攻，密集弹药，饱和攻击。蓝军也要实体化。并且，不以成败论英雄。从失败中提取成功的因子，总结，肯定，表扬，使探索持续不断。对未来的探索本来就没有"失败"这个名词。不完美的英雄，也是英雄。鼓舞人们不断地献身科学，不断地探索，使"失败"的人才、经验继续留在我们的队伍里，我们会更成熟。我们要理解歪瓜裂枣，允许黑天鹅在我们的咖啡杯中飞起来。创新本来就有可能成功，也有可能失败。我们也要敢于拥抱颠覆。鸡蛋从外向内打破是煎蛋，从里面打破飞出来的是孔雀。现在的时代，科技进步太快，不确定性越来越多，我们也会从沉浸在产品开发的确定性工作中，加大对不确定性研究的投入，追赶时代的脚步。我们鼓励我们几十个能力中心的科学家，数万名专家与工程师加强交流，思想碰撞，一杯咖啡吸收别人的火花与能量，把战略技术研讨会变成一个"罗马广场"，一个开放的科技讨论平台，让思想的火花燃成熊熊大火。公司要具有理想，就要具有在局部范围内抛弃利益计算的精神，重大创新是很难规划出来的。固守成规是最容易的选择，但也会失去大的机会。

我们不仅仅是以内生为主，外引也要更强。我们的俄罗斯数学家，他们更乐意做更长期、挑战很大的项目，与我们勤奋的中国人结合起来；日本科学家的精细，法国科学家的浪漫，意大利科学家的忘我工作，英国、比利时科学家领导世界的能力……会使我们胸有成竹地在 2020 年销售收入超过 1500亿美元。[1]

在华为内部，任正非一直都在倡导允许异见。如余承东自从 2010年出任华为消费者 BG CEO 后，其行事相对较为高调，且又出言不逊，惹得内外风波不断。

在当时，由于华为手机几乎全线失败，而风头正盛的小米把华为手机挤压得喘不过气来，这让余承东不堪忍受。为此，余承东坦言："我的痛苦来自反对声，很多不同的异议，很多噪音，压力非常大。"

事实上，在华为内部，余承东曾一度被"禁言"，甚至差点被"下课"。面对消费者 BG 以及余承东的种种非议，任正非却表现出极强的宽容度。为此，任正非对内部说道："允许异见，就是战略储备！我对自己的批判远比我自己的决定要多。"

---

[1] 任正非 . 扛起责任 坚持创新 [J]. 现代企业文化旬刊，2016（8）.

话外之意就是：你们要进行自我批判，不要老盯着别人的不足，更不要来逼我开除余承东。任正非的决策显然是正确的，余承东最终成就了华为的终端业务。

可以肯定地说，如果没有任正非当初力排众议的支持和包容，除了余承东被贴上"失败者"标签之外，华为手机业务恐怕也仍然是阴霾笼罩。

如今的华为手机，可谓是斩获不小——2016 年 4 月 15 日，华为 P9 中国上市发布会上，华为消费者 BG CEO 余承东介绍说，华为消费者业务 2016 年第一季度全球销售收入同比增长 61%，智能手机销售收入同比增长 63%，发货量同比增长 44%，智能手机发货量同比增长 62%。

这样的喜人业绩当然离不开任正非的允许异见与管理灰度。2015 年，全球智能手机出货量 14.23 亿部，华为手机全球出货量达到 1.04 亿部，占比 7.3%。华为消费者 BG 销售收入约 199 亿美元，在中国市场，GfK 数据显示，华为手机在中国市场份额超过 15%，连续多月位居第一。

按照 2016 年第一季度成绩来预测，华为消费者业务继续保持高速增长，2016 年实现 300 亿美元的销售目标似乎并不太难。

"允许在资源配置上有一定的灵活性，给其创新空间"

20 世纪 80 年代，改革开放激活了中国通信市场需求的潜力，不断增长的通信市场吸引了中外通信企业，仅中国就诞生了 400 多家通信企业。

激烈的竞争无疑是烽火骤起,狼烟遍地。早期的华为代理香港的一家交换机设备,深知技术的重要性。当其他对手满足于通过代理这种方式获得丰厚的利润时,任正非果断转型,带领初创不久的华为公司转向交换机的自主研发。

当我们翻阅华为初创阶段的历史时,C&C08 是绕不过去的案例。事实上,C&C08 的成功研制,奠定了华为后来发展的基础。1993 年,C&C08 交换机首次推向市场,迅速成为华为在电信领域的一面旗帜。华为能够取得这样的业绩,与任正非的决断和知人善任分不开。

公开资料显示,在华为的早期发展阶段,郑宝用和李一男是任正非非常器重的两个人才。他们两个加盟华为时,郑宝用是清华大学的在读博士,而李一男是华中理工大学(即现华中科技大学)的研二学生。

尽管如此,任正非还是给予了郑宝用和李一男足够的信任,正如华为人所言,"不拘一格降人才"。

在华为,任正非的工号是 0001,郑宝用的工号为 0002。

李一男加盟华为后,两天即被提拔为工程师,两周后升为高级工程师。经过半年多的考核,李一男由于工作表现出色,被任命为华为最核心的中央研发部副总经理。

两年后,李一男因为在 C&C08 交换机等项目上做出了突出的贡献,被任命为华为中央研发部总裁、公司总工程师。那一年,李一男年仅25 岁。

后来,尽管李一男这位技术天才与华为和任正非之间发生了诸多故事和牵绊,但回忆起当年,李一男不无感慨地说道:"在华为有的是信任、挑战、机遇和分享胜利的喜悦。"这正是任正非给这家公司灌输的一种价值观——"胜则举杯相庆,败则拼死相救"。

第 2 节 "肯定反对者的作用，允许反对声音的存在"

任正非深知，创新需要来自高层的支持。脸谱网（facebook）在几年前不过是一个大学生注册的小网站，经过几轮的融资目前已成为市值超过 5000 亿美元的公司。

微软、英特尔等企业，在三四十年前还是一家名不见经传的中小型科技企业，如今成为大型跨国公司享誉全球。这些企业之所以能够成为伟大公司，一个重要的原因就是容忍创新失败。在华为，任正非鼓励华为人不仅要勇于创新，还要能容忍创新失败。在技术创新时，华为重视分层授权，大胆创新，快速响应客户需求。这样的创新指导思想，为华为的技术创新开花结果打下坚实的基础。

"我们要肯定反对者的价值和作用，要允许反对者的存在"

2013 年，任正非在内部讲话中讲道："我们在华为内部要创造一种保护机制，一定要让蓝军有地位。蓝军可能胡说八道，有一些疯子，敢想敢说敢干。博弈之后要给他们一些宽容。你怎么知道他们不能走出一条路来呢？世界上有两个防线是失败的，一个是法国的马其诺防线，还有日本防止苏联进攻中国的时候，在东北建立了十七个要塞。他们赌苏联是以坦克战为主，不会翻越大兴安岭过来。但百万苏联红军是从大兴安岭过来的，日本的防线就失败了。所以我认为防不胜防，要以攻为主。攻就要重视蓝军的作用。蓝军想尽办法来否定红军，即使否不掉，他们也是动过脑筋的。三峡大坝的成功要肯定反对者的作用，虽然没有承认反对者，但设计上都按照反对意见进行了修改。我们要肯定反对者的价值和作用，要允许反对者的存在。"

在任正非看来，要想技术创新，必须肯定反对者的作用，允许反对声音的存在。任正非曾在讲话中指出："华为的蓝军存在于方方面面，内部的任何方面都有蓝军，蓝军不是一个上层组织，下层就没有了。我认为人的一生中从来都是红蓝对决的，我的一生中反对我自己的意愿，大过我自己想做的事情，就是我自己对自己的批判远远比我自己的决定还大。我认为蓝军存在于任何领域、任何流程，任何时间空间都有红蓝对决。如果有组织出现了反对力量，我比较乐意容忍。所以要团结一切可以团结的人，共同打天下，包括不同意见的人。百花齐放、百家争鸣，让人的聪明才智真正发挥出来。那些踏踏实实做平台的人，他们随着流程晋升很快，也不吃亏。这样既有严肃又有活泼，多么可爱的一支队伍啊。"

在任正非看来，"蓝军"扮演假想敌部队，当战争来临时，红军来抵御蓝军的入侵，蓝军部队作战方法是"出人意料"的，这就给红军带来了很大的威胁，只有经常与他们"打交道"才不会打败仗，强大的

"蓝军部队"使"红军部队"在演习中不断进步。[1]

当美国以国家安全为由拒绝采购华为产品后，任正非在一次内部讲话中再次为华为在美国受阻提出解决办法，讲话公开后引发外界格外关注，如"有一天我们会反攻进入美国的"。可以说，任正非的这些讲话具有军事色彩，也很吸引眼球。在讲话中，任正非特别提到了华为的"红军"和"蓝军"，由此将华为这支"潜伏"了十多年的业务精兵聚焦在公众的视野中。

所谓"蓝军"，原指在军事模拟对抗演习中专门扮演假想敌的部队，通过模仿对手的作战特征与红军（代表正面部队）进行针对性的训练。华为的"蓝军"与之相类似。

据《第一财经日报》记者马晓芳的报道，"蓝军"是华为战略营销部下属的一个部门。其实这个部门的作用比外界猜想的还要大，"蓝军参谋部"是华为整个集团的核心职能平台之一。

创新的本质问题是要容忍来自反对者的意见

在任正非的全球化战略中，重提"蓝军"并非是一件偶然的事情。这主要是因为华为已经成为与瑞典通信巨头爱立信比肩的设备商，但是危机感较强的任正非却不愿意止步于此。

任正非在一次无线业务会议上说："我特别支持无线产品线成立

---

[1] 中国企业家编辑部.任正非总结华为成功哲学：跳芭蕾的女孩都有一双粗腿[J].中国企业家，2014（10）.

'蓝军'组织。要想升官，先到'蓝军'去，不把'红军'打败就不要
升司令。'红军'的司令如果没有'蓝军'经历，也不要再提拔了。你
都不知道如何打败华为，说明你已到天花板了。"

在华为，作为竞争者角色的"蓝军"其实并不是一个新的组织，早
在十多年前就有这个部门了。

在华为，"红军"代表着现行的战略发展模式，"蓝军"代表主要竞
争对手或创新型的战略发展模式。"蓝军"的主要任务是唱反调，虚拟
各种对抗性声音，模拟各种可能发生的信号，甚至提出一些危言耸听的
警告。通过这样的自我批判，为公司董事会提供决策建议，从而保证华
为一直走在正确的道路上。[①]

按照华为顾问田涛和吴春波在《下一个倒下的会不会是华为》一书
中的介绍，"蓝军参谋部"主要职责包括：

> 从不同的视角观察公司的战略与技术发展，进行逆向思
> 维，审视、论证"红军"战略/产品/解决方案的漏洞或问题；
> 模拟对手的策略，指出"红军"的漏洞或问题。
>
> 建立"红蓝军"的对抗体制和运作平台，在公司高层团
> 队的组织下，采用辩论、模拟实践、战术推演等方式，对当前
> 的战略思想进行反向分析和批判性辩论，在技术层面寻求差异
> 化的颠覆性技术和产品。[②]

---

① 马晓芳.揭秘华为"红蓝军"　任正非誓言"反攻美国"[N].第一财经日报，2013-11-26.
② 田涛，吴春波.下一个倒下的会不会是华为[M].北京：中信出版社，2012：242-244.

"蓝军"曾为华为的发展做过重大贡献。2008年，当华为计划将其子公司——华为终端出售给贝恩资本时，"蓝军"通过多渠道调研发现终端是非常重要的，还提出了云计算结合终端的"云管端"战略，有效地避免了华为出售终端业务的发生，而且华为终端取得了巨大的业绩。据市场研究公司 Strategy Analytics 2013 年第三季度数据显示，华为终端已经成为全球第三大手机厂商，仅次于苹果和三星。

从制度上，华为给"蓝军"以及"蓝军"所代表的反对声音更多宽容。按照华为规定，要从"蓝军"的优秀干部中选拔"红军"司令。

"我们在华为内部要创造一种保护机制，一定要让'蓝军'有地位。'蓝军'可能胡说八道，有一些疯子，敢想敢说敢干，博弈之后要给他们一些宽容，你怎么知道他们不能走出一条路来呢？"任正非在会议上引用法国马其诺防线失守的典故称，防不胜防，一定要以攻为主。

在任正非看来，攻就要重视"蓝军"的作用，想尽办法来否定"红军"，就算否不掉，"蓝军"也是动了脑筋的。[①]

---

① 马晓芳.揭秘华为"红蓝军" 任正非誓言"反攻美国"[N].第一财经日报，2013-11-26.

第 3 节 "提倡功过相抵，允许犯错误，
允许在资源配置上有一定的灵活性"

2001 年，任正非在内部讲话中谈道："20 世纪 80 年代的改革热情高涨，是因为有创新机制，允许功过相抵。因此，无论过去、现在还是将来，无论是在减慢速度的过程中，还是在飞速发展的过程中，创新机制都不能停，创新精神和意识在华为永远不能泯灭。一旦磨灭，我们的队伍很快就会被消失。因此一定要给创新以空间。"

在任正非看来，创新的成功率其实非常低，不仅如此，技术创新能否成功需要时间衡量。有些技术创新三年就能够研发成功，有的需要十几年甚至几十年、几代人持续不断的努力。例如，几十年前，美国一位教授发现了 OLED（有机发光二极管）材料的发光效应，认为前景可观，就带领了两个学生创业。可是由于这种材料应用得比较晚，几十年公司一直在亏损。但目前这个公司成了这类材料的全球领导者。

这个案例给中国企业的启示是，作为企业家，不仅需要培育鼓励创新、宽容失败的氛围，同时对创新不应有"成王败寇"的僵化思维，应多给创新者更多的创新空间。

"科技不是一个急功近利的问题，
一个理论的突破，构成社会价值贡献需要二三十年"

在任正非看来，华为作为一家拥有战略耐心的企业，鼓励华为人所有的创新和尝试，其基础都是在主航道上做出的选择，是由战略做出界定的。所有创新项目的选择，已经通过战略做出筛选，这些筛选出来的项目才会进入到公司创新项目集群中，组合各种资源去实施。

在这个过程中，任正非用了两组数据来说明——在华为，2万名研究人员，投入90亿美元，这是一个金钱变知识的过程，这个过程就是把广泛的信息最终变成与华为公司战略相匹配的知识。6万名研发人员，投入60亿美元，这是一个知识变金钱的过程，把与战略相关的知识转化为华为的技术与产品，让华为具有持续的市场竞争力和战略上的领先能力。[①]

任正非认为，做产品不能投机，必须目光长远，投资一些不能立竿见影的项目，但是也不能漫无目的地投资。比如任正非在2008年就决定投资做一颗芯片，当时任正非对团队说："可能我的任期内是见不着这颗芯片上市的，但是为了长期竞争力还是要投资。"

直到2011年底，该芯片才研发出来。研究发现，很多中国企业由于无法解决短期与长期发展的平衡问题，最终导致研发陷入困境。当然，任正非却以"金钱变知识，知识变金钱"的战略逻辑，打破了这种困境，这样的启发是发展和经营企业的一个指引，做企业一定要有战略

---

① 陈春花.陈春花对话任正非：华为立业之本的13个细节[EB/OL].2017.http://www.
yidianzixun.com/home?page=article&id=0FTu8JBV.

耐心，拒绝机会主义，一定要有长期的投入，不要只关注眼前的竞争。

在《任正非与 2012 实验室座谈会纪要》中，时任诺亚方舟实验室主任的杨强问道："我来自诺亚方舟实验室，之前是香港科技大学的教授。您刚刚讲的一个主题是'创新'，我们都知道，我们中国直到现在还没有产生一个诺贝尔奖，我想从这个角度来看看，咱们华为怎么样来'创新'，想听听您的观点，为什么我们中国直到现在还没有一个诺贝尔奖，产生的必要条件是什么？"

任正非回答说道：

香港，我认为是藏龙卧虎的地方，香港很多人从欧美留学回来主要就集中在大学教书了，所以香港的教育质量很好。我多次跟广东政府讲，要允许香港的学校来内地、广东腹地创办学校，把他们的师资能量释放一下。

我先不讲诺贝尔奖的获得，重要的是怎么能创造对人类的价值。中国创造不了价值是因为缺少土壤，这个土壤就是产权保护制度。在硅谷，大家拼命地加班，说不定一夜暴富了。我有一个好朋友，当年我去美国的时候，他的公司比我们还大，他抱着这个一夜暴富的想法，二十多年也没暴富。像他一样的千百万人，有可能就这样为人类社会奋斗毕生，也有可能会挤压某一个人成功，那就是乔布斯，那就是 Facebook（脸书）。也就是说财产保护制度，让大家看到了"一夜暴富"的可能性。没有产权保护，创新的冲动就会受抑制。

第二个，中国缺少宽容，人家又没危害你，你干吗这么关注人家。你们看，现在网上，有些人都往优秀的人身上吐口水，那优秀的人敢优秀吗？我们没有清晰的产权保护制度，没有一种宽容的精神，所以中国在"创新"问题上是有障碍的。大家也知道 Facebook 这个东西，它能出现并没有什么了不起的，这个东西要是在中国出现的话，它有可能被拷贝抄袭多遍，不要说原创人会被抛弃，连最先的抄袭者也会家破人亡，被抛弃了。在美国有严格的知识产权保护制度，你是不能抄的，你抄了就罚你几十亿美元。这么严格的保护制度，谁都知道不能随便侵犯他人。实际上保护知识产权是我们自己的需要，而不是别人用来打压我们的手段，如果认识到这一点，几十年、上百年后我们国家的科技就有希望了。

但是科技不是一个急功近利的问题，一个理论的突破，构成社会价值贡献需要二三十年。我们今天把心平静下来，踏踏实实做点事，也可能四五十年以后我们就有希望了。但是我们现在平静不下来。为什么呢？幸好你是香港的大学教授而不是中国内地的大学教授，否则你要比论文数量，你又产不出这么多来，就只能去抄，你去抄论文还有什么诺贝尔奖呢？不可能嘛，因此我们必须要改变学术环境。

在任正非看来，作为企业，如果不坚持创新，无疑会被竞争者颠覆。因此，任正非认为，在大机会时代，必须要有战略耐性。

任正非的理由是："人类社会的发展，都是走在基础科学进步的大道上的。而且基础科学的发展，是要耐得住寂寞的，板凳不仅仅要坐十年冷，有些人一生寂寞。华为有 8 万多研发人员，每年研发经费中，20% ~ 30% 用于研究和创新，70% 用于产品开发。很早以前我们就将销售收入的 10% 以上用于研发经费，未来几年，每年的研发经费会逐步提升到 100 亿 ~ 200 亿美元。"[1]

任正非介绍说："华为这些年逐步将能力中心建立到战略资源的聚集地区去。现在华为在世界建立了 26 个能力中心，逐年在增多，聚集了一批世界级的优秀科学家，他们全流程地引导着公司。这些能力中心自身也在不断地发展中。"[2]

任正非坦言："华为现在的水平尚停留在工程数学、物理算法等工程科学的创新层面，尚未真正进入基础理论研究。随着逐步逼近香农定理、摩尔定律的极限，而对大流量、低时延的理论还未创造出来，华为已感到前途茫茫、找不到方向。华为已前进在迷航中。重大创新是无人区的生存法则，没有理论突破，没有技术突破，没有大量的技术积累，是不可能产生爆发性创新的。"

"创新是为了创造价值，要宽容失败"

在多个场合下，任正非强调，华为鼓励创新，同时也宽容失败。在与北京大学国家发展研究院管理学教授陈春花交流时说道："华为的容错率是很高的，放手让大家去做，在研究上要允许大家犯错误，要给时间和空间让研究人员安心去做。假设一个新研究项目能够做出来，那华为就获得了天才；假设一个新研究项目做不出来，华为就得到人才。因

---

① 任正非 . 扛起责任 坚持创新 [J]. 现代企业文化旬刊，2016（8）.
② 同上 .

为能够成功的项目非常少，所以成功了是天才。而项目失败的研究人员，他们经历过失败，知道失败的滋味，同时努力过，奋斗过，所以一定可以更好地总结过去，不重复犯同样的错误，继续前进，这正是公司所要得到的人才。"

任正非坦言："科研本来就是试错的过程，没有试错哪会有创新？创新本来就是不容易的事情，如果每次创新都会成功，那也就不是创新了。所以能够创新成功的项目本身就少之又少，一旦成功也就是天才了。我们鼓励创新，就要接纳创新失败，如果一旦失败，或者犯错，就被淘汰或被贴上标签，就不会有人敢去创新。华为会包容创新上的失败，不会因为失败而否定大家。"

在《任正非与2012实验室座谈会纪要》中，诺亚方舟实验室首席科学家李航问道："我来自诺亚方舟实验室，一个半月前加入公司，非常荣幸加入华为，在您和其他领导带领的这个伟大的公司工作。华为想在下一个台阶中有很大的作为，创新力是不可缺少的，请问您觉得怎样才能使华为更具创新力？"

任正非回答说：

在我们公司的创新问题上：第一，一定要强调价值理论，不是为了创新而创新，一定是为了创造价值。但未来的价值点还是个假设体系，现在是不清晰的。我们假设未来是什么，我们假设数据流量的管道会变粗，变得像太平洋一样粗，建个诺亚方舟把我们救一救，这个假设是否准确，我们并不清楚。如果真的像太平洋一样粗，也许华为押对宝了。如果只有长江、黄河那么粗，那么华为公司是不是会完蛋呢？这个世界上完蛋的公司很多，北电就是押宝押错了。中国的小网通也是押错宝了，押早了。小网通刚死，宽带就来了。它如果晚诞生几年，就生逢其时了。英雄常常是生不逢时的。有一些人性格很刚烈，大家不认同，我说你就生错时代了，你如果生在抗战时代说不定就是英雄，说不定就能当将军。

我们是从人类社会的需求和价值基础上，假设将来数据流量会越流越大，但这不一定符合社会规律。马克思理论假设的前提是那时候没有汽车、没有飞机，他说的物质极大丰富，准确定义是什么呢？因为马克思没有拿出标准的数学公式来，我们还以为有更高的标准。所以我们现在的假设是要接受长期批判的，如果假设不对，那我们就要修正。首席科学家要带领我们往哪里突破。

第二，在创新问题上，我们要更多地宽容失败。宽容失败也要有具体的评价机制，不是所有的领域都允许大规模地宽容失败，因为你们是高端研究领域，我认为模糊区域更多。有一些区域并不是模糊的，就不允许他们乱来，比如说工程的承包等都是可以清晰数量化的，做不好就说明管理能力低。

但你们进入的是模糊区域，我们不知道它未来会是什么样子，会做成什么。因此，你们在思想上要放得更开，你可以到外面去喝咖啡，与人思想碰撞，把你的感慨写出来，发到网上，引领一代新人思考。也许不只是华为看到你了，社会也看到你了，没关系，我们是要给社会做贡献的。当你的感慨可以去影响别人的时候，别人就顺着一路走下去，也许就走成功了。

所以在创新问题上，更多的是一种承前启后。我今天给你们讲的话，也许你们成功的时候我已经不在人世了。但是不能因为我不在人世，咱们讲话就一定要有局限性。你们科学家也不能因为这样就有局限性。也许你对人类的预测，你最终也看不见，但是我觉得这并不一定错误。

任正非为此举例说道：

比方说飞机的涡轮发动机的理论是中国人吴仲华写的，中科院工程热物理研究所所长。他在 20 世纪 50 年代写了涡轮机械三元流动的方程，发表了论文。英国按照这个理论做了第一代斯贝发动机。粉碎"四人帮"后，邓小平访问英国时，问我们可不可以引进它的生产，英国说可以呀，小平很高兴，就站起来向英国科学家致敬。英国的所有科学家都站起来向中国致敬，为什么致敬，因为这个技术是中国发明的。邓小平问是谁发明的，回到中国就查，查到是吴仲华写的三元理论。当时他在哪？正在湖北"五七"干校养猪，赶快把他接过来，到北京当工程热物理研究所所长，让他穿上西装再出国，这是一个例子。

第二个例子，今天汉语非常好使用，主要是因为有汉语拼音。这得感谢1955年全国文字改革会议的民主氛围，以及汉语拼音伟大的贡献者周有光（复旦大学教授），现在已经100多岁了。他过去致力于工业救国，一直学经济。后来晚年才改研究语言的。到1979年，他认为要到国际标准化组织去陈述中国对文字的观点，别人就邀请他去了。上飞机之前，单位告诉他，因为你是外方邀请的，中国不负责所有差旅费，所以他上飞机的时候连一个美元也没有。于是他一分钱也没有就去了巴黎。他用三年的努力，给国际标准化组织争取到中国要使用这个方法来拼音文字。不然，我们的汉字就无法融入电脑时代，多伟大呀！我们的文字改革经历了几百年，今天汉字变得这么简单，年轻人学文化这么容易，都是靠这么奋斗来的。

要创新，就可能遭遇技术瓶颈，甚至还可能遭遇创新失败。因此，任正非在内部谈话中也常给华为人打气。任正非曾说："要构成一个突破，需要几代人付出极大的努力，所以我们不能今天说明天能在哪里登陆，这不是诺曼底。"

第 **8** 章

拥有核心技术知识产权，
才能进入世界竞争

CHAPTER 8

我们要清醒地认识到，未来一定会有一场知识产权大战，我们要构筑强大的知识产权能力，来保护自己不被消灭，但我们永远不会利用知识产权去谋求霸权。当我们从这里谋取利益，实际就开始走向死亡。

——华为创始人 任正非

第 1 节 "只有拥有核心技术知识产权，才能进入世界竞争"

创新对于任何一家企业来说都是生存与发展的根本。创新则兴，不创新则亡。

2013 年，任正非在 IP 交付保障团队座谈会上谈道："我们要清醒地认识到，未来一定会有一场知识产权大战，我们要构筑强大的知识产权能力，来保护自己不被消灭，但我们永远不会利用知识产权去谋求霸权。当我们从这里谋取利益，实际就开始走向死亡。"

交手 UPI，遭遇专利流氓

2017 年 6 月 13 日，不利消息从遥远的英格兰传来，中国成功出海的华为手机遭遇专利流氓的攻击，在英国领到了"禁售令"，除非华为能够缴纳专利费，否则华为手机将被下架。

英格兰－威尔士高等法院专利法庭作出裁决。判决结果指出，就华为的侵权行为颁布"禁售令"，并且华为需支付 290 万英镑赔偿款，关

于全球专利许可方面，允许华为上诉，而关于混合全球基准方面，允许
UPI 公司（Unwired Planet International）上诉。这意味着，在华为与 UPI
公司正式签署专利许可协议之前，华为将不能在英国出售手机。

这个专利诉讼始于 2014 年 3 月，UPI 公司在英国同时起诉华为、
谷歌、三星三家公司侵犯了其持有的 6 件专利，其中 5 件涉及 2G、3G
和 4G 相关的标准必要专利。

由于谷歌和三星分别于 2015 年和 2016 年同 UPI 公司达成和解，最
后只剩下华为独自作战。最初 UPI 公司起诉华为专利侵权的专利数量共
计 6 件，最终仅有 2 件专利被认定构成侵权。

对于英格兰 - 威尔士高等法院专利法庭做出的此项判决，华为官方
回应称，华为已收到英格兰 - 威尔士高等法院做出的判决，目前正在评
估这项判决以及将采取的后续措施。

华为发言人接受媒体采访时公开说道："华为一直充分尊重他人的
知识产权，也注重保护自己的知识产权。"

在华为发言人看来，华为以及华为手机业务布局海外，专利大战不
可避免。

基于此，华为应战 UPI 公司只是专利大战中的一个注脚。在华为的
战略中，早已把英国作为华为部署海外市场的一个较为重要的国家。

自 2001 年华为在英国设立第一个办事机构以来，华为就不断地加
大对英国市场的投资。

2012 年 9 月，华为曾宣布在 2012 年至 2017 年六年在英国投资和
采购 13 亿英镑的长远计划。此前，华为手机在欧洲市场的增速较快，
在东北欧和西欧的市场份额分别突破 15% 和 10%。

对于英格兰 - 威尔士高等法院专利法庭做出的此项判决，华为对此

较为重视，但华为相信这项判决不会对华为在英国或其他国家的运作产生任何过多负面影响。

在华为看来，应对此裁决，只要双方基于公平、合理、无歧视的条件（FRAND 原则）达成一致后，此禁止令就会自动解除，不会影响产品在英国的销售。

其实，华为与 UPI 公司交手早在 2014 年就已经开始了。作为一家靠收取专利费为生的公司，其资产主要是从外部收购回来的 2000 多件专利。

在攻击华为时，UPI 公司指控华为在 4G 手机中使用了其专利。面对 UPI 公司的指控，华为的反击策略是就 UPI 公司所指的涉案专利向法院提出无效宣告请求。但是 2017 年 4 月，英格兰 - 威尔士上诉法院驳回华为的上诉请求，但同时也对 UPI 公司的许可费率做出了"打折"判决。

法院的理由是，这些专利属于通信标准的基础专利，法官因此认为不管是 UPI 公司的要求还是华为的还价，都没有基于 FRAND 原则。手机中国联盟秘书长王艳辉在接受媒体采访时坦言："华为可以选择继续上诉，也可以选择达成和解，这主要看华为对法院判决评估的结果，但为了不影响销售，和解的可能性较大。"

在王艳辉看来，诉讼在国际公司专利战中较为常见，这些公司通常没有实体业务，主要通过积极发动专利侵权诉讼而生存。在此次判决中，两项被确认构成侵权的专利都属于通信技术领域的标准必要专利，且都是由 UPI 公司从爱立信处购买所得。[①]

---

① 李娜 . 华为手机在英被判禁售 [N]. 第一财经日报，2017-06-14.

关键技术决不能靠别人施舍

在中国企业中，格力与华为一样非常重视创新，可谓是中国家电制造企业的一个另类。从最初的 2 亿元人民币销售额发展到 2013 年的 1000 亿元人民币销售额，格力电器的秘诀何在？究其原因，是格力电器掌握关键技术。董明珠认为，关键技术必须掌握在自己手里，决不能靠别人施舍。她说："格力电器是家电行业唯一坚持到现在只做空调的专业化企业，靠的就是核心技术。"

在格力电器的产品战略中，非常注重自主创新。作为格力电器董事长的董明珠是这样诠释格力电器的创新精神与文化的："格力电器的文化就是两个字——创新。不仅仅是技术的创新，还包括管理的创新、人才培养的创新。"

董明珠始终将自主创新作为格力电器发展的必由之路，因为董明珠非常清楚关键技术是买不到的。

在如今核心技术领跑的时代，董明珠甚至还把核心技术比喻为脊梁："一个没有脊梁的人永远站不起来，一个没有核心技术的企业永远没有脊梁。"

是什么力量促使董明珠把核心技术看得如此之重呢？这还得从十多年前谈起。当时格力电器与中国其他空调企业一样，尽管具备巨大的产能，但是却处于全球产业链的低端位置。在这样的背景下，格力电器寻求技术合作无疑为一条出路。

据董明珠回忆说："我们曾经也想过，别人都是用合资，或者是引进技术来实现自己企业的产值的变化，或者是企业的扩大，我们当时也是带着一个简单的想法，去买国外的技术。"

　　然而，让格力电器的领导者们没有想到的是，寻求技术合作居然是一条死路。

　　2001 年，格力电器的高管去考察日本企业。其间，该高管兴致勃勃地向日方提出购买多联式中央空调技术时，日本企业却直接泼了一盆冷水："你要买，怎么可能？"不仅如此，日方甚至还明确表示，该企业的核心技术绝对不会转让给中国企业。

　　面对日本企业的这种技术封锁，格力电器的高层不得不开始选择另外一条路——重视研发，攻坚空调核心技术。当然，这个战略的调整，使得格力上下员工让格力电器的研发能力超越世界空调产业的领军企业、成为世界第一的愿望更加强烈。当然，正是此次战略调整，促使格力电器从上到下不遗余力地将资源投向技术的研发上，因为格力电器已经清楚，关键技术是买不到的，而且竞争者也不可能卖。

　　正如董明珠所言："要想打破国外的技术垄断，我们必须在研发领域做出突破和创新，并且掌握一批核心技术。一个企业、一个国家要有敢为人先的傲骨和勇气。"

　　可以说，正是格力电器的战略调整——重视研发和产品创新，格力电器才取得了令人满意的业绩。格力电器通过技术创新来不断推出新技术、新产品，从而提升其竞争优势，如格力电器独创的 1 赫兹变频技术，压缩机最低功率仅为 15 瓦，该项技术的运用，使得格力空调非常节能；格力独创的无缝蒸发器，以及新的大运动导风结构，该项技术的运用，使得格力空调在降低噪声方面做到极致，噪声降到最低 18 分贝，跟 10 米外 1 根针从 10 厘米处落地一般轻微；格力电器独创的导风板和扫风叶片设计，该项技术的运用，使得格力空调的扫风角度最高比传统空调高 3 倍，风量增加 10% ~ 30%；格力电器独创的无稀土技术，该项技术的运用，使得格力电器摆脱了对稀土的依赖；格力电器独创的R290环保冷媒，该项技术的运用，使得格力空调的能效更高，而且获得德国、马尔代夫等国的高度赞许……①

从格力电器研发的一系列产品不难看出，格力电器与其他同行企业的最大区别在于，格力电器多年以来一直重视研发，将科技研发与产品创新置于格力电器的最高战略位置。

---

① 申明. 格力电器：挺起中国制造的创新脊梁 [N]. 科技日报，2013-03-08.

第 2 节　华为"闪存门"背后的核心技术缺失困局

事实证明，对于任何一家企业而言，创新都是支撑其可持续发展的永恒驱动力。要想真正地把创新作为保证企业发展的动力，就必须将创新意识彻底地贯彻到企业文化中，同时渗透到流程管理的全过程。

当然，这就要求在管理中努力改善"创新式"人员及其思想结构，注重企业对创新价值观的维护，使思想意识管理达到一个全新的高度，保证创新决策全过程的顺利进行。2017 年 4 月，华为遭遇"闪存门"事件，其背后透露出华为由于核心技术缺失导致受制于上游供应链的大问题。对于华为手机而言，想要解决供应链问题，必须掌握核心技术，而这是一个漫长的过程。尽管如此，此次"闪存门"事件，却给华为敲响了警钟，因为核心技术缺失，必然受制于上游供应链。

"用户体验没有差别"的闪存

在华为高歌猛进中，遭遇"闪存门"事件，看似偶然，其实是必然的事件。华为 P10 手机上市后不久，华为很快就陷入了闪存混用的危机事件中。

在华为 P10 的发布会上，华为高调地介绍，华为 P10 使用了最新的 UFS 2.1 闪存，与之前 eMMC 闪存相比，华为 P10 的性能有较大幅度提高。

当这样的信息发布后，论坛和贴吧开始暗流涌动，一些用户发帖称，华为 P10 采用不同级别、不同规格的闪存芯片——UFS2.1、UFS2.0 和 eMMC5.1。

一些用户进行各种测试，在第一批发售的华为 P10 中，有的华为 P10 手机持续读入速度为 754MB/s、写入速度为 147MB/s，随机读入速度为 167MB/s、写入速度为 147MB/s，而有的华为 P10 持续读入速度为 550MB/s、写入速度为 143MB/s，随机读入速度为 94MB/s、写入速度为 56MB/s。

众所周知，闪存芯片的读写速度，数值越大，速度也就越快。根据华为的官方性能测试数据显示，华为 P10 麒麟 960 芯片，搭配 UFS 2.1 闪存，其读入速度超过 800MB/s，写入速度接近 180MB/s，随机读入速度超过 140MB/s，随机写入速度也有 14MB/s 左右。

当用户发现这一事实之后，华为对闪存做了降速处理。降速版本的 P10 持续读写速度大概是 270MB/s 以及 123MB/s，随机读写速度大概是 38MB/s 和 18.7MB/s。降速之后的闪存，与华为之前所采用的 eMMC 标准闪存的读写速度相差无几。

基于此，媒体和用户群起而攻之，迫于用户压力，作为华为终端公司董事长的余承东，不得不发表微博长文承认 P10 系列手机闪存同时采用了 UFS 和 eMMC 两种方案，并表示，核心原因是闪存的严重缺货，至今华为的 flash 存储仍然处于缺货之中。

在微博中余承东还强调"已经通过在软硬件的联合优化设计，确保即便使用 eMMC 存储的，仍然保持良好的实际使用性能体验"。

余承东的公开回应，言外之意就是两种闪存在使用体验上几乎没有差别。当然，这样的回应不可能打消用户的质疑。

尽管华为发表多次回应，但是此次危机事件仍持续发酵了很长一段时间。究其原因，当危机事件发生之后，华为始终没有给消费者一个合理的解决方案，反而一直强调"用户体验没有差别"，华为如此生硬的危机应对，让不少用户愤懑不已。

核心技术缺失，受制于上游供应链

不可否认"闪存门"危机事件，损害了华为高科技公司的品牌形象，直接后果是华为系列手机快速降价。

一些学者甚至质疑华为此次"闪存门"事件是为了赚取更多利润。在上述用户测试的性能数据显示，两款芯片的性能差距较为明显。这就意味着，用户必然认为，两款闪存的性能差距较大，无疑其价格也差别较大。因此，用户以此来推定华为通过差价获取较为可观的利润。不仅如此，华为还提出了注重利润的企业战略，这就让用户似乎坐实了华为通过更换闪存来赚取差价的猜测。①

当然，经过研究发现，用户这样的猜测过于武断。根据旭日手机产业研究院的调研显示，这两款闪存的标价相差不大，对于大规模采购商

---

① 王倩. 华为闪存门背后：核心技术缺失 受制于上游供应链 [J]. 商学院，2017（6）.

的华为而言，这样的差异几乎忽略不计。

树大招风，华为由于成为中国造手机出货量最大企业，竞争者自然会毫不留情地打击，甚至动用水军。根据 DDI 的数据显示，2017 年第一季度，华为坐上国产手机出货量第一的宝座。基于此，作为华为来讲，提升品牌形象的战略，远大于通过"偷梁换柱"所带来的利润价差。[①]

在易观国际终端分析师赵子明看来，华为这样做，目的是为了提高闪存的产能。这其实是公开的行业规则，不光是华为，手机厂商采用多家供应商是行业的常用做法。例如，苹果曾在 iPhone 6s 系列手机的生产上把处理器上交给台积电和三星两个代工方，由于两家代工商自身的工艺，用户就有微小差异的体验，此前也引起过用户的争议。

手机厂商此举是避免过度依赖某一个供应商，避免产能遭受合作者的限制。在中国手机厂商中，OPPO R9 就受制于供应商的产能。当初 OPPO R9 采用的是 AMOLED 屏幕，而目前 AMOLED 屏幕技术一直被三星和 LG 拥有，OPPO 在 AMOLED 屏幕上一直依赖于三星，2016 年，由于三星"爆炸门"后，供应链的产能极速下降，这就导致屏幕价格大幅度上涨，导致 OPPO R9 不得不紧急更换手机屏幕。这两个案例充分说明，缺"芯"少"屏"让中国国产手机往往受制于人，这样的硬伤同样伤及已经拥有众多核心技术的华为，足以说明核心技术的重要。

---

① 王倩. 华为闪存门背后：核心技术缺失 受制于上游供应链 [J]. 商学院，2017（6）.

"闪存门"暴露华为核心供应部件的紧缺问题

迅速发酵的"闪存门"事件让华为始料不及，其后，余承东首次现身华为在深圳启动的"华为手机开放日"活动，在活动上余承东承认，目前虽然华为已经拥有了自己的麒麟芯片，解决了芯片的核心技术问题，但是目前国内手机厂商尚未进入记忆存储芯片的开发领域。[①] 在余承东看来，华为未来的战略首先解决的是核心供应部件的紧缺问题。

众所周知，存储领域一直是中国半导体产业一个最薄弱的环节，三星、海力士、美光、闪迪以及东芝掌握着核心技术，市场几乎被他们垄断。

此次引发华为"闪存门"事件的 UFS 闪存芯片，目前主要集中在三星、海力士和东芝三家存储芯片供应商，而 eMMC 闪存芯片由东芝研发。在这两款芯片中，由于 UFS 投放市场的时间并不长，其工艺相对于 eMMC5.1 来说，稍显落后，其市场占有率自然也要小。旭日手机产业研究院的调研数据显示，2016 年 eMMC 和 UFS 的产能比例大约是 9:1。

国产手机中受影响的不仅仅是华为，其他品牌厂商也同样面临 UFS 供不应求的困局。公开数据显示，OPPO 仅能获得 38% 的 UFS 占比，而 vivo 则更是低至 7% 左右。

面临这样的困境，余承东坦言："在智能手机核心的关键器件、关键部件、关键核心部件方面，华为正在做布局和准备，华为可能不一

---

① 王倩. 华为闪存门背后：核心技术缺失 受制于上游供应链 [J]. 商学院，2017（6）.

定生产或者制造某些东西,但是不代表不拥有核心技术,去解决技术问题。”

在余承东看来,华为必须解决核心技术缺失的问题,否则未来的华为手机将受制于人。内存核心技术掌握在少数几家企业手中,又是手机需求量较大的元器件之一,其生产厂商无疑会策略性地优先满足 PC 和服务器厂商的内存供货,又由于近几年手机存储容量不断地增大,使得目前手机内存供不应求,这样的现状直接导致自 2016 年年底手机厂商集体涨价的情况。

当然,对于中国手机厂商来说,遭遇核心技术限制的不仅仅是存储、屏幕、处理器、镜头组件等智能手机核心元器件技术依然匮乏,旗舰级的处理器平台由高通垄断,镜头模块受制于索尼,曲面屏受制于三星,等等。

从这样的现状可以推断,由于目前国内手机厂商的自身生态环境较差,研发投入不足,掌握存储、屏幕、处理器、镜头组件等智能手机核心元器件的核心技术,无疑是一个漫长而艰难的旅途。

此次华为“闪存门”事件给国内手机厂商敲响了警钟。仅仅是因为难而不去投入研发,中国国产手机将一直受制于人。正如余承东所言:“在核心科技上,可以不生产,但不能不拥有。”

第 3 节 "付出知识产权成本，华为的国际化就是借船出海，以土地换和平"

　　曾有记者问任正非："前段时间您和爱立信签订了一个专利交叉许可协议？"

　　面对此问题，任正非坦言："是的，签订后我们公司高层欢呼雀跃，因为我们买了一张世界门票。我们一个普通员工写了个帖子，说'我们与世界握手，我们把世界握到了手中'。"

　　在任正非看来，华为支付专利许可费，是华为的国际化必须迈过的一道坎，以土地换和平也是值得的。任正非解释说道："当然，要让大家愿意搞原创，必须要尊重知识产权，对知识权益要尊重和认可，不尊重知识产权，人们不愿也不敢从事原创性创新，而热衷于抄袭和模仿，要尊重知识产权就要付出知识产权成本，华为的国际化就是借船出海，以土地换和平。我们千军万马攻下山头，到达山顶时，发现山腰、山脚全被西方公司的基础专利包围了，怎么办？只有留下买路钱，交专利费，或者依靠自身的专利储备进行专利互换，为此，华为每年要向西方公司支付数亿美元的专利费，我们坚持不投机，不存侥幸心理。"

12 亿美元许可费，换来一年近 400 亿美元的收入

在国际化的征途中，因专利问题被思科、摩托罗拉等不断起诉的华为曾在 2014 年 12 月表示，华为现在一年还要支付约 3 亿美元的专利许可费，但是对于华为来说，这 3 亿美元的专利许可费换来的可是近 400 亿美元的年销售收入，这对国际化拓展的中国企业来说，对华为是划算的。

在"2014 知识产权价值、投资与产业发展论坛"上，时任华为知识产权部北京分部部长闫新称："第一，知识产权是高科技企业，尤其是国际化的这种高科技企业的核心竞争力，为保持竞争力，每年至少将销售收入的百分之十投入到研发创新中。第二，实施标准专利战略，华为所处的通信行业，互联互通是最起码的要求，所以标准对这个行业非常重要。对企业而言，使你自己的技术被纳入到标准中去，积累标准有关的基本专利，才能使你的利益最大化。第三，遵守和利用国际通行的知识产权规则，按照国际惯例来处理知识产权的事务，并且以比较友好的态度，来解决知识产权相关的许可及合作等问题。这个国际通行的规则和惯例非常重要。"

在该演讲中，闫新认为，华为的创新必须是在全球背景下的创新，自主是在全球价值链中的自主。

闫新介绍说道：

> 具体展开讲两点，一要站在巨人的肩膀上创新，二要坚持开放式的创新。我们经常听到所谓自主知识产权、自主创新，我觉得在商业领域这个论调是有问题的。如果你完全搞自

主创新，你很有可能被你的竞争对手抛在了后面，而且还有可能不被主流市场接受，导致巨大的商业风险。所以对于企业来讲，没必要搞百分之百的自主创新。你要站在别人的基础上去做创新，大家都在这样做，你必须也要去这么做，不能闭门造车。所谓完全的自主创新即封闭式创新，讲一个失败的典型案例，日本在 2G 移动通信时代，因为使用完全"自主创新"的 PDC 技术，导致日本的移动通信网络与世界主流的 GSM、CDMA 网络无法兼容，成为信息孤岛，日本手机用户到世界各地都不能漫游，而日本的电信企业也因为把主要精力用在 PDC 的开发，没有机会推出市场空间更大的 GSM 和 CDMA 产品，从而失去了在 2G 时代发展的机会。现在全球五大电信设备商，一家日本厂商都没有。总之，片面地强调自主创新将直接导致创新活动的重复劳动，尽管研发人员工作也很努力，但企业整体创新进展缓慢，效率低下，很容易错过主要市场或者市场利润丰厚的时间窗。所以要坚持开放的创新，不要盲目地自主创新。要开放，搭大船，傍大款，才能赚大钱。

在闫新看来，在知识产权方面，必须尊重他人的知识产权，遵守规则，通过交叉来合法地使用他人的技术。华为在过去的多年中，跟通信业界几乎所有的友商，这个领域主要的权利持有人，都进行了交叉许可谈判，签订的许可协议数十份，每年华为缴纳 3 亿美元的许可费，过去几年累计缴了 12 亿美元。大家不要看到所缴纳的白花花的银子而感到心疼，其实华为是划算的，因为缴了一些许可费，换来的却是每年近 400 亿美元的销售收入，我前面所讲的，2400 亿元人民币。缴费以合法地换取别人的技术进行使用，使得你能够快速地推出质优价廉的产品，能够满足客户和市场的需求，获得大量的销售收入，之后你才有足够的资金投入到创新中。而赢取未来，则要靠你现在的投入。

当然，在尊重他人知识产权的前提下，还必须保护企业自己的知识产权。闫新介绍说道：

多年以来，国内似乎一直有这样一种论调，就是在当前的中国，核心技术和专利持有人是国外公司，所以中国不应提供高水平的保护。这是一种似是而非的逻辑。我们认为这种逻辑可能因果是颠倒的，本末是倒置的。具体来说，如果中国的知识产权保护环境比较差的话，最受影响的是中国本土的公司。因为你的总部在中国，你的制造、研发、销售的主要的地方也在中国，中国这一环，保护环境不好，影响的将是你中国公司的全局。而对国外的一些跨国公司而言，中国保护环境不好，影响的则仅仅是它的局部，因为它在欧美日韩其他发达国家或者发展中国家有更加全面的业务。我所说的上述观点，也是有论据的。我们研究发现，没有一个国家因为加强对创新的保护而使国家利益受损。

闫新举例说道：

华为在过去这么多年以来的国际化过程中，遭遇过一些挑战。在成长过程中，尤其是在不同国家遭遇的各种问题，我们也发现国内制度和环境方面的某些不足。后边的建议也是依据这些具体的案例。在 2003 年的时候，思科诉华为，据报道这是思科在历史上第一次当原告，这是华为第一次真正当被告，号称当年业界第一案。一年半之后双方和解。华为并没有向对方赔偿。当然，华为应诉所花费的律师费不菲。这起诉讼是华为迈向国际化过程中的一次洗礼。为什么当时华为在美国的授权专利非常少的情况下，能够低成本解决这么一个大型的国际诉讼呢？原因是多方面的，我想除法院调查所查清的事实之外，可能的一个因素是华为有较多的中国专利。中国作为全球最大的市场以及研发制造地，使中国专利有独特的许可价值，这一点对中国企业参与国际竞争是非常有利的。这是我们的一个总结和心得。

第二个是 2010 年摩托罗拉诉华为案。双方原来合作十年，摩托罗拉对外销售的产品由华为提供。合作过程中华为不可避免地向摩托罗拉提供了大量技术和商业秘密。2010 年摩托罗拉宣布把自己的无线网络业务卖给了华为的竞争对手诺西，然后把华为在美国给告了，说华为侵犯它的知识产权并索赔。华为试图利用中国本土的司法保护力量来维护自己的合法权益。因为一旦摩托罗拉根据交易协议向诺西进行交割，必将导致华为商业秘密被披露给华为的直接竞争对手。华为想在中国通过司法手段阻止这个交易的达成，保护自己的知识产权，沟通发现在当时情况下，禁令很难拿到。后来没办法，华为远赴重洋，只好去美国反诉，去摩托罗拉总部所在地美国伊利诺伊州北区联邦法院起诉，请求禁止摩托罗拉将华为商业秘密提供给诺西。比较幸运的是美国法官根据提交的证据材料，当天就支持了华为的主张，颁发了临时禁令。后来经过开庭审理，初步禁令也给颁发了。就是说在剥离华为的知识产权财产之前，这个交易不能够进行交割。一年后，和解结案。这个案子一开始，摩托罗拉通过诉讼向华为高额索赔，最终结果是摩托罗拉向华为付钱了事。这个诉讼我们的体会是，中国一定要有一个比较好用的针对预期侵权的禁令制度，只有有一个好的司法机制，才能保证你的权益不受侵犯。另外，华为在ITC受到越来越多的337调查，在美国的诉讼也非常多。我们也想运用中国类似的手段来运用我们的专利，发现当前的制度不是特别的给力。

事实上，中国企业在国际化过程中往往被知识产权钳制，只能在对知识产权保护并不怎么严格的东南亚、非洲、拉美市场拓展。在智能手机市场表现得不错的小米尽管在中国和东南亚风生水起，但却迟迟无法打开欧洲市场，一个不可忽略的原因就是知识产权问题。

由于华为国际化较早，知识产权意识强烈。作为华为创始人的任正非本人也是知识产权的积极倡导者和推动者。在近几年中，频繁接触媒体的任正非，多次呼吁创新，保护知识产权。

任正非认为，要想让中国创新更进一步，必须要尊重知识产权，对知识权益要尊重和认可，那些热衷于抄袭和模仿的要付出巨大的知识产权成本，同时任正非还指出，华为的国际化就是借船出海，以土地换和平。

在任正非看来，只有保护原创发明，才能有更多的创新技术："如果我们保护原创发明，就有很多人去做原创，最后这个原创就会发展成产业。保护知识产权要成为人类社会的共同命题。别人劳动产生的东西，为啥不保护呢？只有保护知识产权，才会有原创发明的产生。才会有对创新的深度投资及对创新的动力与积极性。没有原创产生，一个国家想成就大产业，是没有可能的。即使就是成功了，也像沙漠上修的楼一样，不会稳固的。"

任正非补充说道："中国缺少创新、没有原创，主要原因是不尊重知识产权，没有严格的知识产权保护制度，加上社会文化没有包容精神，不鼓励试错，不包容有个性，甚至是有一些极端怪癖的人，如苹果创始人史蒂夫·乔布斯、休斯飞机制造创始人休斯都是个性张扬、行事反叛的人，在中国现有文化背景下肯定难以冒出来，因为我们包容不了史蒂夫·乔布斯，中国出不了史蒂夫·乔布斯，这就导致谁也不愿进行原创，都热衷于抄袭。"

苹果向华为每年支付数亿美元专利费

一向以给其他企业支付专利费著称的华为也开始扬眉吐气了，因为苹果开始向华为支付专利费了。据媒体报道，根据国家知识产权局公布的许可备案登记信息显示，2015 年，华为向苹果公司许可专利 769 件，苹果公司向华为许可专利 98 件。

这组数据说明，华为已经修宽了主航道，开启了合作共赢的引擎。向苹果公司收取专利许可使用费，只是华为拓宽主航道后的一个方向。

数据显示，在手机专利方面，行业巨头如苹果、三星、华为、高通、爱立信、中兴等都拥有大量专利，尤其是高通和爱立信，每年都会收取一笔非常可观的专利费。2015年，爱立信仅仅在专利收入上，就同比增长46%。高通的专利收入更高，几乎占据收入绝大部分。

2015年，华为与苹果公司达成一系列专利许可协议，其中就覆盖GSM、UMTS、LTE等无线通信技术。由于双方签有保密协议，所以媒体报道的专利数量也是首次被公开。

按照惯例，通信业内的两家公司在签订专利许可时，专利许可数量多的一方往往会向数量少的一方收取一定数额的专利费。2015年年底，当爱立信与苹果签署专利授权协议时，爱立信就明确向苹果收取专利费。根据爱立信与苹果双方签署的协议，在未来七年中，苹果向爱立信支付一定数额的专利费。

在投资银行ABG Sundal Collier的一份报告中就提到这个问题。该报告显示，爱立信向苹果收取iPad和iPhone营收大约0.5%的专利费。在此前，爱立信通过诉讼，要求苹果每年向爱立信支付2.5亿~7.5亿美元的专利费。

2016年年初，华为为了拓展自己的主航道，也与爱立信达成协议，许可对方在全球范围内使用自身持有的标准专利技术。作为续签协议的一部分，华为将基于实际销售向爱立信支付专利许可费。自2016年起，华为在未来五年内将向爱立信支付近30亿美元的专利许可费。

以此类推，从华为与苹果的专利许可来分析，特别是中国国家知识产权局公布的信息显示，华为专利许可的数量明显多于苹果。基于此，华为将向苹果收取一定数额的专利许可费用。

众所周知，如今的华为今非昔比，与爱立信在专利储备上的量级与等级已经不分伯仲。由于双方签有保密协议，不便透露，无法知晓其具体的数额，但是如果按照爱立信许可给苹果的专利费计算的话，那么华为将向苹果每年至少收取数亿美元的专利费。

正如任正非所言："我们只是把航道修宽了，在航道上走各种船，游艇啊、货轮啊、小木船啊，是别人的，运营商也只是收过路费。"

为了把主航道拓宽，华为持续地坚持高额研发投入。公开的数据显示，2015 年，华为的研发投入就高达 92 亿美元，进行新技术和新产品的研发，其研发费用占到销售额的 15%，超过苹果 85 亿美元的研发投入，而苹果的研发费用仅仅占到其销售额的 3.5%。

当然，正是这样的高投入研发，才促使华为积累了较强的专利实力。截至 2015 年，华为累计中国申请专利 52550 件。当然，需要说明的是，一家企业的专利申请数量，并不意味着一家企业在专利上的积累和优势，只有被授权的专利，才真正拥有话语权，尤其是在国际领域的专利诉讼案中，通常都是以海外被授权专利作为法律判决的依据点。华为向苹果收取许可专利费的原因就在此。

根据华为的数据显示，截至 2015 年年底，华为累计已授权专利 30924 件。各区域均保持了稳定增长。美国授权专利 5052 件，其中 2015 年新增授权 1268 件；累计欧洲各国授权专利 11474 件，其中 2015 年授权 2247 件。

华为消费者 BG 在 2015 年共申请专利 9000 件。其中，中国申请 6200 件，境外申请 2800 件。同时已经获得中国专利授权 2000 多件，欧美等境外专利授权 1100 多件。

卧榻之下，绝不允许他人鼾睡。这样的道理同样适用于手机市场。当意气风发的 HTC 手机在美国攻城略地时，自然会抢占苹果的市场份额。

为了打击 HTC，苹果采用惯用的竞争手段——专利战。让苹果欣喜的是，当首次启动对安卓阵营代表的 HTC 专利战中，苹果就赢得首个终审"胜利"。

在此次诉讼中，美国国际贸易委员会裁定，HTC 的确侵犯了苹果的一项专利，从 2012 年 4 月禁止 HTC 产品在美国市场的销售，苹果可谓是守得云开见月明。

在当时，作为全球最大的安卓智能手机制造商的 HTC，可谓是风头正盛。据 Canalys 的数据显示，2011 年第三季度，HTC 手机在美国市场的销量超过了苹果，成为美国市场领头羊，市场占有率达到 23%，这意味着苹果的市场被 HTC 吞噬。

为了打击 HTC，苹果有着自己的战略布局。当 HTC 在美国禁售之后，就意味着 HTC 将失去 50% 的收入。这就是很多研究者认为 HTC 败诉被解读为在美国市场遭遇重大挫折的关键所在。

根据 HTC 的介绍来分析，此次诉讼的结果并没有像外界传言的那么糟糕，此次 HTC 被判侵权的仅仅是 UI 界面上的一个小小的应用，只要 HTC 在销往美国市场的产品中删除此项设计仍可以在美国市场销售。因此，HTC 尽管输了官司，却获得了自诉讼官司开始以来最有利的位置。这就是 HTC 在声明中表示了"欣慰"的关键因素。

时任 HTC 总裁的周永明得知败诉的信息，随后表示，HTC 已经研发出了一种新型手机，可以有效地回避与苹果公司在一项专利纠纷案件中涉及的技术。

尽管如此，但是遭遇苹果打击的 HTC 最终一落千丈。《新京报》记者赵谨撰文称，众所周知，苹果创始人之一的乔布斯生前一直对谷歌当年"背信弃义"创建安卓耿耿于怀。他曾表示，"如果需要的话，我要用尽最后一丝力量和苹果账户里的全部 400 亿美元现金，来纠正这个恶行，我要摧毁安卓。因为它是个偷窃的贼，为此我不惜发起热核战争。"

在赵谨看来，作为安卓阵营中的三大制造商中的 HTC、摩托罗拉和三星，自然就成了苹果公司重点清剿的目标公司。

由于摩托罗拉公司手中握有丰厚的专利储备，在专利战中占据主动地位，甚至在德国的相关诉讼中获胜，摩托罗拉还成功"驱逐"了苹果手机。

在这三家公司中，由于 HTC 是一家做手机代工起步的公司，在手机专利方面的储备自然无法与摩托罗拉相提并论。当苹果状告 HTC 侵权后，HTC 才匆忙地收购 S3 以充实自己的专利储备。然而，HTC 在收购 S3 前无法了解专利诉讼案细节，当细节公布后，HTC 才发现那不是他们想要的。因此，HTC 的冒险也随之失败。显然，现在 HTC 的专利储备仍然不足，无法为其市场领先地位保驾护航。[①]

正是因为如此，HTC 才遭遇苹果的专利围剿，结果因此而处在风雨飘摇之中。因此，赵谨撰文称："在 ITC 做出终判后，HTC 仍面临着大量工作：购入更多的专利，或者通过利益交换，从对手及盟友处获得更多的专利授权。"

---

① 赵谨. 苹果获首个终审"胜利"HTC 仍需补强专利 [N]. 新京报，2011-12-22.

第4节 未来的市场竞争会是知识产权竞争

众所周知，企业之间的竞争，不仅残酷，而且还近乎惨烈。不过，在任正非看来，这样的竞争并不能代表华为就如此，华为与国外竞争者同台竞技时，却是通过自如地对话来解决。这与日常企业竞争的焦土政策存在天壤之别。

为此，任正非解释说："那是别人说的焦土政策，我们从来没有这样做过。华为是小公司的时候就很开放，和别人总体都是保持友好的。为什么我们在国际市场有这么好的空间？因为我们知识产权的'核保护伞'建立起来了，这些年我们交了那么多的知识产权费给别人，当然我们也收了非常多的专利费，和那么多公司签了专利交叉许可协议，这本身就是友善、尊重别人嘛。我们现在发展速度比别人快，进入的领域比别人深，我们还要顾及世界的发展。"

在任正非看来，在与竞争者的对话合作中，华为旨在拓宽主航道，日后的华为主航道会越来越宽，与竞争者的合作也会越来越多。任正非坦言："主航道只会越来越宽，宽到你不可想象。我们现在还想象不出未来信息社会是什么样子。我们只是把航道修宽了，在航道上走各种船，游艇啊、货轮啊、小木船啊，是别人的，运营商也只是收过路费。

所以我们要跟千万家公司合作，才可能实现这个目标。"

拿起法律的武器向销量全球第一的三星开炮

当 HTC 遭遇苹果的专利阻击时，华为已经做好自己的专利储备，准备向世界霸主三星开战。2016 年 5 月，作为中国标杆企业的华为，正式拿起法律的武器向销量全球第一的三星开炮，起诉三星侵犯了华为的知识产权。

据悉，2016 年 5 月 25 日，华为公司在中国深圳中级人民法院和美国加州北区法院同时发起了对三星公司的知识产权诉讼。

根据路透社报道的消息称，华为指责三星未经授权在其手机中使用了华为的 4G 蜂窝通信技术、操作系统和用户界面软件。

而彭博社也报道该事件，华为声称，三星侵犯其与 4G 行业标准有关的 11 项专利，要求三星做出现金赔偿。

针对媒体的报道，华为知识产权部部长丁建新坦言："华为认为行业内友商之间应该通过开放式的创新、联合创新，共同推动产业进步，在尊重他人知识产权的同时，也保护自身的知识产权。智能手机行业健康发展的基础是行业内有大量的专利交叉许可协议来保障合法的技术共享。本着这一理念，华为多年来积极与行业内其他专利持有人进行谈判和交叉许可，先后与几十家业界友商签署了许可协议。……华为希望三星尊重华为的研发和知识产权成果，停止未获得许可情况下的专利侵权行为，以积极合作的态度与华为一起共同推动产业进步。"

据华为发布的官方信息显示，此次诉讼主要涉及 4G 标准专利和智能手机功能专利，这些专利对智能终端产品的用户体验和互联互通十分重要。

据华为官方渠道披露："华为此次诉讼的目的是，使三星尊重华为的研发和知识产权成果，停止未获得许可情况下的专利侵权行为。华为有权从使用其技术但未获得专利授权的公司获得合理赔偿。"

华为起诉三星，不仅可以维护自己的权益，还可以实现交互授权许可。在手机中国联盟秘书长王艳辉看来："不是每家公司都像苹果一样可与华为谈判授权，向三星发起诉讼并获得授权将是华为迈向行业巅峰的标志。"

按照国际惯例，诉讼是专利权益伸张的一个重要手段，苹果就曾起诉过三星侵犯其知识产权。

2012 年 8 月 25 日，经过 21 小时的激烈讨论，美国加州圣何塞联邦法院九人陪审团最终裁定三星侵犯苹果专利权，并裁决三星必须赔偿苹果高达 10.5 亿美元的罚款。

10.5 亿美元的罚款尽管与苹果之前要求赔偿的 27.5 亿美元相差巨大，甚至还不足一半，但是对于三星来说，无疑是一次沉重的打击。

在此次判决中，谈论的第一个问题就是三星公司是否侵犯了苹果的"弹回"功能。经过讨论，陪审团最终裁定三星公司的手机与平板电脑等移动设备侵犯了苹果的"弹回"功能专利权。

谈论的第二个问题就是三星公司是否侵犯了苹果的"用手指放大缩小"的功能。经过讨论，陪审团也同样裁定三星公司的智能手机与平板电脑上的主页侵害了苹果的"用手指放大缩小"功能的专利。

谈论的第三个问题就是三星公司是否侵犯了苹果的"连续点击放大"的功能。经过讨论，陪审团同样裁定三星公司"早就知道或应该知道"电子通信及电子仪器部门有侵权行为，这样的裁定对苹果公司的维权非常有利。

在 iPhone 的外观以及使用者界面的图像标志，陪审团也同样发现三星公司有抄袭的行为。

在这场超过三周的官司中，美国加州圣何塞联邦法院搜集了大量的证据，同时传唤了众多证人，当然也披露了苹果和三星两家公司最不想让竞争者知道的商业机密，包括销售量与内部通信等等。

当然，为了打击三星公司，苹果的杀人三千自损八百的行为起到了一定的作用。为了应诉，三星被迫公开一连串内部机密文件，包括当初设计软件图像标志与一般功能时，三星公司内部以苹果手机作为研究对象的尴尬细节。

其中一篇内部报告包括了许多投影片，当中三星公司将最初设计的 Galaxy 智能手机，与苹果 iPhone 手机并排放在一起，公开询问三星设计师如何做才能让两者更为相似。这在后续审判中，导致三星公司完全无法以原创设计的证据提出辩驳，只能通过质疑苹果专利的正当性来消除自己的不利行为。

当得知判决赔偿 10.5 亿美元后，三星公司紧急发表了书面声明指出："今天的判决不应该被视为是苹果的胜利，而是美国消费者的损失。此判决将会导致选择变少，创新也更少，并可能导致价格更高。不幸的是专利法被操弄，以至于一个公司垄断圆弧四角的长方形，以及三星与其他公司每日不断改进的科技。消费者有权利选择，他们也知道购买三星产品时到手的是什么。这不是此案的最后结论，也不是法院专利的最终战，全球的法庭中有许多已经驳回苹果的指控。三星将会持续创新，并为消费者推出更多选择。"

在此次声明中，尽管三星称将会上诉到联邦法院，但是此次的裁定已经是苹果专利维权战略的初步胜利。

苹果的胜利让华为看到了希望，甚至有学者坦言："在和苹果达成专利许可协议之后，华为和三星在专利授权上必有一战。"

在该学者看来，华为此次诉讼应该值得期待，随着中国知识产权的保护越来越完善，这将给一些技术积累雄厚的企业，在未来的竞争中带来滚滚财源。

为此，任正非接受采访和发言时屡次提到知识产权的问题。在其接受新华社的采访时，任正非认为："未来信息社会的深度和广度不可想象，未来二三十年将是人类社会发生最大变化的时代。伴随生物技术的突破、人工智能的实现等等，未来人类社会一定会崛起非常多的大产业。我们面对着极大的知识产权威胁。过去二三十年，是从落后通信走向宽带通信的二三十年，全世界出现多少大公司，美国思科、谷歌、Facebook、苹果，中国没有出多少，就是因为对知识产权保护不够。未来还会出现更多的大产业，比如 VR 虚拟现实，中国在这些产业是有优势的，但是要发展得更好，必须有十分苛刻的知识产权保护措施。"

诉讼背后其实就是市场的攻伐

研究发现，随着与苹果的专利大战，三星不断扩大市场份额，直至成为全球第一。如今，作为第三大手机制造商的华为，同样为了抢占市场份额，毅然起诉三星。这样的局面迫使三星在知识产权方面不得不落入与苹果、华为"两线作战"的境地。

众所周知，苹果与三星的专利大战已经延宕多年，至今仍在继续。在香港电影中，观众经常会看到这样的台词——"出来混，早晚要还的。"当苹果公司起诉三星公司的专利纠纷尘埃落定时，被称为 IT 行业"世纪专利大战"的帷幕已经落下。尽管研究者认为，智能手机和平板电脑行业的专利战争远未结束，但是获得初步胜利的苹果公司因此成功地驱离了竞争者，基本达到了自己的战略目的。

2012 年 8 月，加州圣何塞联邦法院判决，三星公司侵犯苹果公司 6 项专利，需支付 10.5 亿美元赔偿金，并面临在美国被禁售数款产品的可能。

对于现金充足的苹果公司来说，并不看重 10.5 亿美元的巨额赔偿，而在乎市场的占有率。这就是苹果 2011 年 4 月开始了一系列针对三星的诉讼的根本原因。

2011 年 7 月 30 日，在最终确定的诉讼申请中，苹果称三星侵犯了其 iPhone 和 iPad 的技术、用户界面和设计，有 4 项设计专利和 3 项软件专利，并通过非法抄袭获取竞争优势，对苹果造成了持续的经济损失，损失额达 25.25 亿美元，不仅索赔还要求法院在美国市场禁售三星相关产品。[①]

也就是说，三星智能手机产品和平板电脑产品抄袭苹果 iPhone 和 iPad 之后，侵害了苹果的市场。其后，三星也起诉苹果抄袭自己的 5 项专利，要求苹果赔偿 4.218 亿美元。最终的判决结果是，三星"抄袭"苹果公司的技术、用户界面和设计成立。

苹果 CEO 蒂姆·库克并未对 10.5 亿美元赔偿提出过多疑义，尽管

---

① 张绪旺 . 苹果赢三星 世纪专利大战这才开始 [N]. 北京商报，2012-08-27 .

比当初要求赔偿的数额减少了一大半，但是苹果起诉三星的目的达到了。蒂姆·库克说道："对于陪审团认定三星蓄意侵犯我们的专利，向业界清晰地发出剽窃是不对的信息，我们表示赞赏，希望全世界都注意到陪审团的裁定。"

在蒂姆·库克看来，三星侵犯苹果的专利是需要付出代价的。蒂姆·库克在一份内部备忘录上告诉员工："在多次要求三星停止抄袭我们的产品没有任何效果后，我们才被迫诉诸法律，我们并不愿意与三星对簿公堂。"

与蒂姆·库克态度相反的是，三星的高层却最不愿意接受这一判决结果。10.5 亿美元的赔偿额对三星来说也不是问题，2011 年第二季度，三星的净利润为 45 亿美元，持有现金 210 亿美元，同样对于苹果来说，2011 年第二季度，苹果的净利润高达 88 亿美元，10.5 亿美元的赔偿更是小菜一碟。

苹果公司在意的是，"让世界知道三星抄袭"，而三星也不愿意承认抄袭苹果公司的外观，以及未经授权就使用苹果的专利，其实双方最看重的事情就是禁售令——市场。

按照加州圣何塞联邦法院的判决，三星的 21 款产品抄袭了苹果名为"Rubber-bamding"的技术。通过这一技术，当 iPhone 的屏幕滚动到页面边缘时将会产生回弹的效果。这些产品里面包括三星目前最主力产品 Galaxy 系列智能手机。这意味着，如果不对所涉及侵权进行更改，三星的这些产品将在美国市场禁售。[①]这样的胜利当然是苹果期望的。

当苹果与三星因为专利问题的诉讼如火如荼时，来自中国的华为也

---

① 张绪旺 . 苹果赢三星 世纪专利大战这才开始 [N]. 北京商报，2012-08-27 .

拿起法律的武器捍卫自己的专利。这样的举动一石激起千层浪，无疑会点燃全球智能手机市场格局变化的导火索。

在《中国企业专利大棒挥向国际巨头》一文中，《中国经营报》记者李正豪写道："可以确定的是，三星、苹果、华为围绕全球智能手机市场的'三国杀'已经进行到最紧要的关头了。"

在李正豪看来，华为通过专利战略打击三星，夺取武林盟主的地位。这样的做法是值得的，可取的。根据 IDC 数据显示，2016 年第一季度全球智能手机厂商出货量排行榜上，三星以 8190 万部出货量排名第一，市场份额为 24.5%；苹果以 5120 万部出货量排名第二，市场份额为 15.3%，下滑严重；华为则以 2750 万部出货量排名第三，市场份额为 8.2%。

尽管华为与三星的出货量存在一定的差距，但是可以通过阻击三星，提升华为的知名度和美誉度，至少在美国市场，几乎为零的华为肯定有"咸鱼翻生"的时候。

华为在 2015 年 IDC 全球智能手机厂商出货量排行榜上，以 7.4% 的市场份额位居第三，而三星、苹果分别以 22.7%、16.2% 的市场份额占据第一、第二的位置。

在学者看来，不管是曝光与苹果签订专利交叉协议，还是提起对三星的专利诉讼，对于此刻的华为而言，都是极好的专利营销时机，在这个过程中华为可以在全球树立自己的创新形象。该学者说道："目前，在全球智能手机产业中，三星、苹果和华为是彼此间最主要的竞争对手，而且华为提出了在未来超越苹果和三星的目标，鉴于三星和苹果走低的市场趋势，此时正是华为利用专利战打击对手的大好时机。"

读者可能疑惑的是，华为为什么在中美两国起诉三星？究其原因，是中美两个国家的智能手机市场都是各个手机制造商必争之地，是全球最为重要的两个市场。其中，中国就占据了全球 1/3 份额的智能手机市场。随着中国国产手机品牌的强势崛起，中国市场上的国外手机品牌滑落也就最为明显。

这样的趋势，得到了 IDC 的数据支持。2016 年第一季度，华为在中国市场占据 16.2% 份额，排名第一；苹果占据 12.8% 份额，已滑落至第四；三星在中国市场的份额已排在前五以外。福布斯的最新报道显示，由于三星 Galaxy 系列手机的畅销，在美国所有的重要市场中，三星超过苹果，以 28.8% 的市场份额夺得第一，苹果则在连续 11 个月排行榜首之后，以 23% 的市场份额位居第二。

为此，有研究者就关心，华为除了起诉三星外，是否继续通过诉讼方式维护知识产权？面对这样的问题，华为官方信息显示："在 ICT 产业中，友商之间应该通过开放式创新、联合创新的方式共同推动产业进步。业界解决知识产权问题的最佳途径，是通过谈判签订专利交叉许可协议后合法使用对方开发的技术和知识产权。诉讼是最后的解决争议的方式，在某些情况下也是一种常见方式。"这与任正非的华为主航道理论不谋而合。

[1] 包晓闻，宋联可 . 中国企业核心竞争力经典：企业文化 [M]. 北京：经济科学出版社，2003：15-20.

[2] 陈武朝 . 苹果：创新是企业文化的灵魂 [N]. 教育时报，2016-03-10（4）.

[3] 陈伟 . 日本企业为何坚守"改良"[J]. 支点，2012（8）.

[4] 陈新焱，周冯灿 . 三星靠什么赶超苹果 [N]. 南方周末，2012-12-01.

[5] 陈春花 . 陈春花对话任正非：华为立业之本的 13 个细节 [EB/OL].2017.http://www.yidianzixun.com/home?page=article&id=0FTu8JBV.

[6] 成海清 . 华为傻创新 [M]. 北京：企业管理出版社，2016.

[7] 蔡司阳 . 解读日本企业成功的奥秘——改善 [J]. 中国商论，2013（19）.

[8] 道客巴巴 . 华为公司的技术创新战略报告 [EB/OL].2017.http://www.doc88.com/p-994352686614.html.

[9] 郭丽君，严圣禾 . 华为：领跑者的创新底色 [N]. 光明日报，2015-03-31.

[10] 郭冬颖 . 联通 CDMA 二期招标 华为铩羽六大赢家露面 [N]. 经济观察报，2002-10-21.

[11] 侯晓红，干巧 . 我国上市公司研发费用披露现状分析及对策 [J]. 工业技术经济，2009（2）.

[12] 建设创新型国家战略推进委员会 .《2006—2010 建设创新型国家白皮书》.

[13] 李信忠 . 华为非常道 [M]. 北京：机械工业出版社，2015.

[14] 李娜 . 华为首次跻身世界 500 强前 100 甩开爱立信 300 个身位 [N]. 第一财经日报，2017-07-21.

[15] 李娜 . 华为手机在英被判禁售 [N]. 第一财经日报，2017-06-14.

[16] 李瑞秋 . 技术创新：企业获取竞争优势的必然选择 [J]. 改革与开放，2005（4）.

[17] 李传涛 .iODN：华为微创新样本 [EB/OL].2017.http://www.c114.net/market/177/a653487.html.

[18] 刘虹辰 . 近半员工主攻研发创新 [N]. 深圳商报，2008-01-14.

[19] 刘玉，杨伊宁 . 华为：以客户为中心 以创新为导向 [J]. 客户世界，2009（02）.

[20] [美] 克莱顿·克里斯坦森 . 创新者的窘境 [M]. 胡建桥，译 . 北京：中信出版社，2010.

[21] 马晓芳 . 华为购加长奔驰服务客户 专利申请全球第一 [N]. 第一财经日报，2009-12-31.

[22] 孟祥磊 . 日本企业保持竞争力的奥秘所在 [N]. 日本新华侨报，2012-06-19 .

[23] 任正非 . 创新是华为发展的不竭动力 [N]. 光明日报，2000-07-18.

[24] 任正非 .2013 年 12 月 30 日，任正非在华为 2013 年度干部工作会议的讲话 .

[25] 任正非 .2014 年 11 月 14 日在内部战略务虚会上发表的讲话 .

[26] 任正非 . 2017 年 1 月 17 日任正非在消费者 BG 年度大会上的讲话 .

[27] 任正非 . 任正非在第二期品管圈活动汇报暨颁奖大会上的讲话，2010.

[28] 任正非 . 扛起责任 坚持创新 [J]. 现代企业文化旬刊，2016（8）.

[29] 任鸽 . 任正非：缔造狼性华为 [N]. 中国企业报，2011-07-26.

[30] 申明 . 格力电器：挺起中国制造的创新脊梁 [N]. 科技日报，2013-03-08.

[31] 阮直 . "苹果"被谁咬下了一口 [N]. 银川日报，2016-05-18.

[32] [日] 船桥晴雄 . 日本长寿企业的经营秘籍 . 北京：清华大学出版社，2011.

[33] 孙莹莹 . 日本企业竞争模式思考及对我国企业的启示 [J]. 企业技术开发，2005（24）.

[34] 社文商标管家网 . 华为专利组合与战略布局分析 [EB/OL].2017.http://news.shewentm.com/zhuanli/21i759.html.

[35] 陶涛 . 企业自主研发经费仅占销售收入 3.8%[N]. 中国青年报，2009-07-13.

[36] 田涛，吴春波 . 下一个倒下的会不会是华为 [M]. 北京：中信出版社，2012：242-244.

[37] 梁达 . 研发投入对创新创业有超常作用 [N]. 上海证券报，2015-12-11.

[38] 王倩 . 华为闪存门背后：核心技术缺失 受制于上游供应链 [J]. 商学院，2017（6）.

[39] 王育琨 .1000 亿华为的六个支点 [EB/OL].http://wangyukun.blog.sohu.com.

[40] 项立刚 .3G 时代混合组网值得关注 [J]. 通信世界，2005（15）.

[41] 许洁. 华为美国招标再受挫 分析建议其海外上市 [N]. 证券日报，2010-08-26.

[42] 徐丹. 华为公司市场导向的自主技术创新战略研究 [D]. 上海交通大学，2009.

[43] 徐冠华. 徐冠华在创新型企业试点工作会议上的讲话 [N]. 科技日报，2007-02-27.

[44] 于靖园. 华为式创新为何能成功? [J]. 小康，2017（5）.

[45] 余勇昌，洪眉，王瑜，等. 智能 ODN 解决方案及应用探讨 [J]. 通信技术，2012（9）.

[46] 杨艳秋. 华为：用不断创新为客户创造价值 [J]. 中国品牌，2014（2）.

[47] 中国企业家编辑部. 任正非总结华为成功哲学:跳芭蕾的女孩都有一双粗腿 [J]. 中国企业家，2014（10）.

[48] 《中国新技术新产品》编辑部. 企业:永远都是创新的主体 [J]. 中国新技术新产品，2007（11）.

[49] 张敬峰. 华为员工持股的做法与启示 [N]. 中国航空报，2013-07-18.

[50] 张绪旺. 苹果赢三星 世纪专利大战这才开始 [N]. 北京商报，2012-08-27.

[51] 赵东辉，李斌，刘诗平，等. 对话任正非：28 年只对准一个城墙口冲锋 [N]. 新华社，2016-05-09.

[52] 赵谨. 苹果获首个终审"胜利" HTC 仍需补强专利 [N]. 新京报，2011-12-22.

[53] 朱伟峰，蒲娜，毛星. 企业技术创新的动力机制研究 [J]. 消费导刊，2009（12）.

在瞬息万变，尤其是用户需求在不断变化的当下，摆在华为创始人面前的问题是，如何发挥华为的技术创新，让华为能够继续生存和发展下去。

作为中国企业界教父级的人物，任正非解决了很多企业家没有解决的问题——不管是技术创新，还是组织管理，都必须以客户为中心。

2013 年 12 月 31 日，任正非发表了一篇标题为《大公司如何做到"不必然死亡"》的文章。在该文中，任正非的核心问题是：在瞬息万变，不断涌现颠覆性创新的信息社会中，华为能不能继续生存下来？

任正非的答案是可以的。任正非在回答这个问题时，讲了一个寓言："古时候有个寓言，兔子和乌龟赛跑，兔子因为有先天优势，跑得快，不时在中间喝个下午茶，在草地上小憩一会啊！结果让乌龟超过去了。华为就是一只大乌龟，25 年来，爬呀爬，全然没看见路两旁的鲜花，忘了经济这二十多年来一直在爬坡，许多人都挤进了富裕的阶层，而我们还在持续艰苦奋斗。爬呀爬……一抬头看见前面矗立着'龙飞船'，跑着'特斯拉'那种神一样的乌龟，我们还在笨拙地爬呀爬，能追过他们吗？"

在任正非看来，在实际的经营中，作为一家大公司，不是会必然死亡的，不一定会惰怠保守的。否则不需要努力成为大公司，关键是如何创新的问题。

任正非解释说道："宝马追不追得上特斯拉，一段时间是我们公司内部争辩的一个问题。多数人都认为特斯拉这种颠覆式创新会超越宝马，我支持宝马不断地改进自己、开放自己，宝马也能学习特斯拉。汽车有几个要素：驱动、智能驾驶（如电子地图、自动换挡、自动防撞，直至无人驾驶……）、机械磨损、安全舒适。后两项宝马居优势，前两项只要宝马不封闭保守，是可以追上来的。当然，特斯拉也可以从市场买来后两项，我也没说宝马必须自创前两项呀，宝马需要的是成功，而不是自主创新的狭隘自豪。"

在任正非看来，"华为也就是一个'宝马'（大公司代名词），在瞬息万变，不断涌现颠覆性创新的信息社会中，华为能不能继续生存下来？不管你怎么想，这是一个摆在你面前的问题。我们用了25年的时间建立起一个优质的平台，拥有一定的资源，这些优质资源是多少高级干部及专家浪费了多少钱，才积累起来的，是宝贵的财富。过去所有失败的项目、淘汰的产品，其实就是浪费（当然浪费的钱也是大家挣来的），但没有浪费，就没有大家今天坐到这儿。我们珍惜这些失败积累起来的成功，如果不故步自封，敢于打破自己既得的坛坛罐罐，敢于去拥抱新事物，华为不一定会落后。当发现一个战略机会点，我们可以千军万马压上去，后发式追赶，你们要敢于用投资的方式，而不仅仅是以人力的方式，把资源堆上去，这就是和小公司创新不一样的地方。人是最宝贵因素，不保守，勇于打破目前既得优势，开放式追赶时代潮流的华为人，是我们最宝贵的基础，我们就有可能追上'特斯拉'。"

大量事实证明，作为大公司的宝马通过技术上的学习，同样可以摆脱特斯拉对它的颠覆。在任正非看来，只有敢于打破自己既得的坛坛罐罐，敢于去拥抱新事物，华为才能基业长青和永续经营。因此，任正非在强调在"牛粪"上创新的基础上进行创新的同时，还"允许小部分力量有边界地去颠覆性创新"。

正是因为如此，华为才取得举世瞩目的业绩。为了解开华为的创新之谜，本书分为八章，分别介绍了华为的创新之道：第一章，创新是华为发展的不竭动力；第二章，创新以客户为中心；第三章，华为的创新无处不在；第四章，允许小部分力量去颠覆性创新；第五章，领先半步是先进，领先三步成"先烈"；第六章，专注研发，技术引领；第七章，创新要宽容失败，给创新以空间；第八章，拥有核心技术知识产权，才能进入世界竞争。

这里，感谢"财富商学院书系"的优秀工作人员，他们也参与了本书的前期策划、市场论证、资料收集、书稿校对、文字修改、图表制作。

以下人员对本书的完成亦有贡献，在此一并感谢：周梅梅、吴旭芳、简再飞、周芝琴、吴江龙 、吴抄男、赵丽蓉、周斌、周凤琴、周玲玲、金易、汪洋、霍红建、赵立军、兰世辉、徐世明、周云成，等等。

任何一本书的写作，都是建立在许许多多人的研究成果基础之上的。在写作过程中，笔者参阅了相关资料，包括电视、图书、网络、视频、报纸、杂志等资料，所参考的文献，凡属专门引述的，我们尽可能地注明了出处，其他情况则在书后附注的"参考文献"中列出，并在此向有关文献的作者表示衷心的谢意！如有疏漏之处还望原谅。

　　本书在出版过程中得到了许多教授和研究华为创新管理、国际化、营销的专家、业内人士以及出版社的编辑等人的大力支持和热心帮助，在此表示衷心的谢意。由于时间仓促，书中纰漏难免，欢迎读者批评指正。在本书写作过程中，作者查阅、参考了与任正非和华为公司有关的大量文献和作品，并从中得到了不少启悟，也借鉴了许多非常有价值的观点及案例。但由于资料来源广泛，写作时间仓促，部分资料未能（正确）注明来源及联系版权拥有者并支付稿酬，希望相关版权拥有者见到本声明后及时与我们联系，我们都将按国家有关规定向版权拥有者支付稿酬。在此，表示深深的歉意与感谢。

　　（E-mail：zhouyusi@sina.com；

　　微信号：xibingzhou；公众号：caifushufang001）。

周锡冰

2017 年 8 月 10 日于北京